기획자의 글쓰기
서비스 기획자가 지녀야 할
협업과 소통의 글쓰기 스킬

기획자의 글쓰기

서비스 기획자가 지녀야 할
협업과 소통의 글쓰기 스킬

지은이 모준승

펴낸이 박찬규 | 엮은이 전이주 | 디자인 북누리 | 표지디자인 아로와 & 아로와나

펴낸곳 위키북스 | 전화 031-955-3658, 3659 | 팩스 031-955-3660
주소 경기도 파주시 교하읍 문발리 파주출판도시 535-7 세종출판벤처타운 #311

가격 18,000 | 페이지 224 | 책규격 152 x 210mm

초판 발행 2021년 11월 10일
ISBN 979-11-5839-277-2 (13000)

등록번호 제406-2006-000036호 | 등록일자 2006년 05월 19일
홈페이지 wikibook.co.kr | 전자우편 wikibook@wikibook.co.kr

기획자의
글쓰기

모준승 지음

서비스 기획자가 지녀야 할
협업과 소통의
글쓰기 스킬

위키북스

모준승

비즈니스와 Tech를 통해 세상에 임팩트를 주고 싶다는 꿈을 가지고 IT 스타트업에 뛰어든 서비스 기획자이자 현업 PM입니다. 창업에 뛰어들어 온갖 경험을 해본 덕분에 이후에도 그로스 해커, 서비스 기획자, Product Manager를 하게 되었습니다. 교육 서비스, 핀테크, 소셜데이팅을 거쳐 인공지능의 세계로 들어오게 되었고, 특히 자연어 처리에 큰 매력을 느껴 관련한 프로덕트를 만들고 있습니다.

서비스 기획을 진행하며 공부한 것들을 하나둘 정리하여 브런치(https://brunch.co.kr/@mojuns)에 올리고 있으며, 서비스 기획 및 스타트업에 관련한 내용으로 모비인사이드와 〈ㅍㅍㅅㅅ〉 매거진에 외부 필진으로 글을 기고하고 있습니다.

처음 서비스 기획자라는 직무를 선택하고 지원할 때는 막연하게 생각했었습니다. 서비스 기획이라는 것에 대해 아무것도 몰랐고, 창의적인 아이디어와 이를 사람들에게 잘 전달하기만 하면 되겠지라고 생각했습니다. 사람들 앞에서 멋지게 서비스를 소개하고, 창의적인 생각을 뽐내며 화려한 언변을 구사하는 그런 종류의 직무라 생각했습니다.

서비스 기획자가 되기 이전에는 창업을 했었고, 창업 과정에서 서비스를 만들어보고 사람들 앞에서 소개하는 경험을 했습니다. 그래서 창업 이후에 '이제 어떤 일을 하지?'라는 고민을 했을 때 더 막연하게 서비스 기획자를 떠올렸습니다. 그래서 서비스 기획자라는 포지션에 지원하게 되었고, 어떻게든 서비스를 만들어봤다는 경험과 비즈니스에 대한 이해도가 도움이 됐던 덕분인지 운 좋게 서비스 기획자로 입사할 수 있었습니다.

하지만 막상 입사를 한 후 함께 일하는 개발자와 디자이너가 제게 기대하는 부분, 요구하는 부분을 처음 들었을 때는 도대체 무얼 해야 할지 전혀 감이 오지 않았습니다. 그래서 부랴부랴 뒤늦게 서비스 기획에 대해서 공부를 하기 시작했습니다. 서비스 기획에 관련한 강의를 신청해 듣기 시작했고, 선배 기획자들이 개인 블로그에 남겨놓은 글들을 찾아서 읽기 시작했습니다. 물론 이런 강의와 블로그에 남겨놓은 글들은 서비스 기획의 전체적인 맥락을 파악하기에는 어려웠고, 실전에서 바로 적용하기에는 여전히 모르는 것들 투성이었습니다.

기능을 명확하게 정의해 달라는 개발자들의 요구사항이 있는 날이면 기능 정의가 무엇인지 인터넷을 한참이나 찾고 내용을 정리했습니다. 하지만 막상 우리 서비스나 우리 회사의 업무 프로세스에 맞춰 작성해 보려니 잘 되지 않았습니다. 마찬가지로 와이어프레임을 잡아달라는 디자이너의 요구사항에 와이어프레임을 어떻게 만들어야 하는지, 와이어프레임 툴은 어떻게 사용해야 하는 건지, 어느 정도로 그려야 적합한 산출물인지 한참을 찾고, 공부한 후에야 겨우 그리기도 했습니다.

그렇게 한참을 현업에서 이리 치이고 저리 치이며 헤매다가 스스로 업무에 대해 정리할 필요를 느껴 브런치에 서비스 기획에 대한 일종의 회고 같은 글을 작성하기 시작했습니다. 그런 글에서 생각지도 못하게 유용한 피드백을 많이 얻게 됐고, 기회가 되어 여러 매거진에 글을 기고하게 되기도 했습니다. 사실 이 책도 브런치에 글을 쓰던 것을 계기로 출간하게 된 것입니다.

이 책은 여러 선배 기획자분들의 경험으로 가득한 책입니다. 제가 만든 멋진 이론이나 업무 방식이 아닙니다. 그들의 경험과 노하우를 보고 따라 해 보며 익혔던 서비스 기획에 대한 내용을 정리하고, 다시 보기 좋게 포장해서 출간한 책입니다.

그럼에도 불구하고 이 책에 나오는 모든 내용은 정답이 아닙니다. 책에 나오는 내용을 참고로 자유롭게 변형하고, 응용하고, 적용할 수 있도록, 그래서 서비스 기획 업무를 좀 더 원활하게 수행할 수 있도록 도와주는 가이드에 가깝습니다. 세상에는 서비스를 만들어내는 정말 다양한 방식이 있습니다. 그래서 이 책에 나오는 내용을 토대로 더 많은 자료를 찾아보고, 공부해보는 것을 권장합니다.

기획자가 해야 할 수많은 업무 중 가장 많은 부분을 차지하는 것은 글쓰기입니다. 대부분의 기획 산출물에는 글이 들어가게 됩니다. 멋들어지게 그려진 와이어프레임이나 화려한 언변이 기획자의 역량을 돋보이게 만들어주는 것 같지만 함께 일하는 사람들에게 좋은 평가를 받는 요인은 명확하게 정리된 로직과 정책을 글로 표현한 것입니다. 또한 기획 산출물이 아니더라도 기획안이나 보고서 같은 문서를 잘 작성하는 것이 더 높게 평가받을 수 있는 기획자의 역량입니다.

그래서 이 책은 정답에 가까운 기획 프로세스와 기획 산출물에 대해서 소개하지 않습니다. 그보다는 기획자가 글을 어떻게 작성하는 것이 효과적일지를 다룹니다. 서비스를 올바르게 기획하고, 서비스를 만드는 구성원과 명확하게 소통하기 위한 방법을 소개하는 데 중점을 뒀습니다. 다만 그 과정을 원활하게 설명하기 위해 서비스 기획에 대한 기본적인 지식과 현업에서 움직이는 전체적인 서비스 개발의 맥락, 과정, 산출물을 더해서 독자분들의 이해를 돕고자 했습니다.

이 책은 서비스 기획자를 꿈꾸지만 정확하게 어떤 업무를 수행하는지는 경험해보지 못한 분들을 기준으로 작성했습니다. 사실 어쩌면 제가 서비스 기획에 대해서 공부할 때 필요했던 것들을 정리한 것이라고도 볼 수 있겠습니다. 그래서 서비스 기획을 이제 막 시작하려는 모든 분들께 좋은 가이드가 될 수 있기를 바랍니다. 그리고 멋진 서비스, 사회에 긍정적인 영향력을 전파할 수 있는 수많은 서비스가 나오게 되길 희망합니다.

이 책이 세상에 나올 수 있도록 도와주신 많은 선배 기획자님들, 좋은 기회를 제안해주시고 매번 꼼꼼하게 검토하고 아낌없는 조언을 해주신 위키북스 박찬규 대표님과 위키북스 관계자분들께 이 지면을 통해 진심으로 감사함을 전합니다.

1장

기획자가
글을 써야
하는 이유

우리는 어떤 일을 시작하기에 앞서 고민하고, 계획을 세운다. 계획을 세우지 않고 막연하게 시작한 일은 쉽게 흔들리고, 결국에는 목표에 도달하지 못하고 끝나버리게 된다. 시험을 준비하기 위한 계획을 세우지 않으면 벼락치기를 하게 된다. 그러면 시험 범위를 다 공부하지 못한 채 시험을 치르게 되고, 당연히 좋지 않은 성적표를 받아보게 될 것이다. 또 방학 계획을 미리 세우지 않았다면 언제 얼마큼의 숙제를 해야 할지 정하지 않았기 때문에 계속 숙제를 미루게 된다. 그럼 결국 방학 숙제를 개학 전날 몰아서 하게 된다.

그림 1.1 계획을 수립하지 않으면 목표 성과에 도달하지 못하거나 시간관리에 어려움을 겪을 수 있다.

이는 업무에서도 마찬가지다. 업무를 시작하기에 앞서 어떻게 업무를 수행할지 계획을 세우지 않는다면 업무의 성과가 좋지 못할 것이다. 업무 계획을 세우지 않으면 언제, 어떤 업무를, 어떻게, 얼마나 해야 할지 모르기 때문에 업무의 방향성이 흔들리게 된다.

결국에는 당장 눈앞의 이 업무, 저 업무를 처리하는 데 급급하게 된다. 일을 하기는 하는데 성과는 제대로 나오지 않고, 업무를 처리하는 데 급급하다 보니 일에 대한 의욕도 사라진다. 결국, 계획을 세우지 않으면 목표를 달성하기 힘들다.

이러한 실패를 벗어나 성과를 만들고 목표를 달성하기 위해 계획을 수립하고, 목표를 설정하는 일련의 과정을 기획이라고 한다. 그리고 기획자는 기획이라는 업무를 전문적으로 행하는 사람을 일컫는다.

01

서비스 기획자란?

서비스 기획의 정의

기획이라는 단어를 국어사전에서 찾아보면 기획(企劃)이란 '일을 꾀하여 계획함'이라는 뜻이 있다. '일을 꾀하여 계획한다'의 의미를 조금 더 부드럽게 풀어보자면 무언가를 만들기 위해서 고민하고, 계획을 수립한다는 의미다. 즉, 기획자는 고민하고, 고민의 결과를 계획이라는 문서로 정리하는 직무다.

어학사전 　　　　　　　　　　　　　　　　　다른 어학정보 25 ∨

[국어사전]
기획 (企劃)
[기획 기획] ◁»
일을 꾀하여 계획함.
국어사전 다른 뜻 1

[영어사전]
기획 (企劃)
[명사] plan, planning, project, [동사] plan, design
영어사전 결과 더보기

어학사전 더보기 →

그림 1.2 네이버 어학사전에서 '기획'을 검색한 결과

또한 기획을 영어사전에서 찾아보면 Plan과 Design이 결과로 나온다. Plan은 일정과 예산을 포함해서 계획을 수립하는 것에 가깝고, Design은 '설계', '계획'이라는 뜻이 있으며 시각적으로 표현하는 것을 의미한다. 여기서

Design이라는 용어를 가미해서 서비스 기획을 설명해보자면 서비스 기획자는 서비스를 만들기 위해 고민하며, 서비스를 어떻게 표현할지 고민하고, 실제로 서비스를 만들기 위한 계획을 수립하는 직무라 할 수 있다.

하지만 여전히 간단명료한 방법으로 서비스 기획자를 정의하기는 어렵다. 앞서 말한 업무를 수행하기 위해 서비스 기획자를 문서 작업을 주로 하는 사람이라고 표현하기에는 부족함이 있다. 또한 개발자나 디자이너와 같이 하드스킬(Hard-Skill, 전문 지식 기술을 지칭하는 말이며 국립국어원 표기법으로는 직무 기술이라 함)을 보유해야만 할 수 있는 직무가 아니기 때문에 전문 기술이 필요한 업무를 수행한다고 말하기도 어렵다.

그렇다고 전문성이 필요없는 직무도 아니다. 적합한 기획 산출물을 만들어낼 수 있다거나, 비즈니스 모델을 파악하고 수립하며 구체화할 수 있는 역량, 시장 리서치나 경쟁사 분석 또는 정부 정책을 지속적으로 모니터링해서 제품에 문제가 발생하지 않도록 분석하고 개선할 수 있는 역량은 기획자가 가질 수 있는 전문성일 수 있다. 이뿐만 아니라 커뮤니케이션 역량이나 고객 니즈를 파악하는 일, 새로운 아이디어를 도출하는 일도 기획자가 가질 수 있는 전문성이라고 볼 수 있다.

커뮤니케이션 역량이나 새로운 아이디어를 도출하는 일과 같은 것을 소프트스킬(Soft-Skill, 소통 능력 또는 타인과의 상호작용 능력을 지칭하는 말이며, 국립국어원 표기법으로는 대인 관계 기술이라 함)이라고 한다. 이런 측면에서 개발자나 디자이너와는 다르게 기획자는 소프트스킬이 부각되는 직무라고 볼 수 있다.

사실 이러한 소프트스킬을 증명하거나 성과 지표로 만들기에는 어려움이 있다. 그래서 서비스 기획자를 채용하려는 경우 도메인 지식이나 과거에 수행했던 서비스나 프로젝트에 대한 경험이 더 중요하게 여겨지는 경우가 많고, 이러한 이유로 신입을 채용하는 경우를 보기 어렵다.

이제 다시 서비스 기획자를 정의해 보자. 서비스 기획은 무언가를 만들어내기 위해 고민하는 행위를 수반한다. 여기서 말하는 무언가를 만들어낸다는 것은 사용자가 겪고 있거나 겪게 될 문제를 찾아내고, 문제를 해결하기 위한 방법을 고민해서 해결 방법을 만들어내는 과정을 말한다.

이 과정에는 사용자의 문제를 해결하기 위해 어떤 제품이 필요한지, 그 제품으로 무엇을 할 수 있을지, 제품과 서비스가 왜 필요한지 고민하는 과정을 수반한다. 그리고 그 제품과 서비스가 어떻게 사용자에게 보이고, 어떻게 사용자가 사용할 수 있을지도 고민해야 한다.

이 과정을 한 문장으로 압축하자면, 서비스 기획이란 어떤 제품이나 서비스의 생성과 소멸까지의 모든 과정을 고민하는 것이라고 볼 수 있다.

도대체 서비스 기획자는 뭘 하는 사람일까?

가만히 생각해보면 모든 조직에는 기획 업무가 있다. 별도의 기획팀이 없는 경우는 있겠지만 기획을 하지 않거나 필요하지 않은 경우는 없다고 봐도 무방하다.

실제로 기획이라는 용어는 굉장히 다양하게 쓰인다. 경영 기획, 전략 기획, 마케팅 기획, 광고 기획, 공연 기획, 생산 기획, 영업 기획, 사업 기획, 구축 기획, 운영 기획 등 정말 다양하다. 왜 기획이라는 업무가 모든 조직에 있는 것일까?

기획과 기획안은 우리 몸의 심장과 골격이라고 볼 수 있다. 심장에서 만들어진 피가 우리 몸을 구석구석 돌아다니면서 필요한 영양분을 공급해주는 것처럼 기획은 다른 조직 구성원이 각자의 업무를 수행할 수 있도록 업무를 배분하고, 수행할 수 있도록 도와준다. 기획안은 제품 및 서비스의 골격이 되어 다른 조직 구성원들이 살을 붙여 대외적으로 보여지는 모습을 만들어낼 수 있도록 한다. 심장과 골격은 그 자체로 존재할 수 없지만, 반대로 살을 아무리 붙여도 심장과 골격이 없다면 생명력을 가지거나 형체를 가질 수 없다. 서로 독립적으로 존재할 수 없는 만큼 기획은 어느 곳에서나 필요한 업무이기 때문에 어느 조직에서나 존재할 수 있는 업무 영역이다.

조금 더 구체적으로 나아가보자. 그렇다면 기획자는 어떤 일을 하는 사람일까? 기획이라는 단어의 이미지를 떠올려보거나 전략 기획, 신사업 기획 등 기획이 붙는 부서명이 가져오는 이미지는 기획자를 뭔가 창의적인 아이디어를 뿜어내는 존재나 조직의 리더처럼 생각하게 만드는 것 같다. 아마 기획이라는 직무가 조직이 달성하고자 하는 목표를 설정하고, 목표를 성공적으로 달성하기 위한 방법을 계획하며, 일을 수행할 때의 방향성을 설정해서 예하 부서에 전달하는 일을 주로 수행하기 때문일 것이다.

사실 서비스 기획자가 수행하는 업무를 명확하게 파악하기는 쉽지 않다. 서비스 기획자에 대한 수요가 생각보다 많지 않을뿐더러 보통 기획 문서는 대외비에 해당하는 경우가 많아서 결과물을 보기도 쉽지 않다. 우리는 대체로 서비스 기획과 디자인, 개발의 과정을 거쳐서 만들어진 서비스를 보고 사용하기만 해봤을 뿐이다.

앞서 정의한 서비스 기획을 토대로 서비스 기획자를 설명하자면 어떤 제품이나 서비스의 생성과 소멸까지의 모든 과정에 대해서 고민하는 내용을 적절한 문서로 만드는 직무다. 이렇게 만들어진 문서를 토대로 조직이 일을 올바른 방향으로 수행할 수 있게 하며, 함께 일하는 사람들에게 일의 방향성을 제시하는 업무라고 볼 수 있다.

이러한 업무를 수행하다 보니 기획자는 함께 일하는 사람들과 대화를 나누는 시간이 많다. 사업부나 타 부서의 의견을 수렴하기도 해야 하며, 회사의 로드맵과 요구사항을 토대로 만들어진 기획안을 구체적인 결과물로 만들어내는 디자이너나 개발자와도 끊임없이 대화를 나누면서 서비스가 올바른 방향으로 만들어지도록 노력해야 한다.

이처럼 서비스 기획자는 여러 이해관계자로 구성된 회의에 참석하게 된다. 그리고 이해관계자로부터 요구사항을 수렴해서 기획안에 반영하거나 회의에서 도출된 내용을 토대로 기획안을 수정 및 보완하게 된다. 기획안을 수정하는 경우 개발자와 디자이너에게 변경된 기획안을 전달하고 개발을 요청하기 위해 기획 리뷰 미팅을 진행하게 된다.

서비스 기획자는 절대 혼자 일할 수 없다. 태생적으로 서비스 기획자의 업무는 서비스 기획을 실제로 구현할 수 있는 사람들이 함께해야 한다. 사실 기획이라는 큰 틀로 보면 전략 기획이든, 서비스 기획이든, 마케팅 기획이든 혼자일할 수 없다는 점은 똑같다. 전략 기획이라면 수립한 전략을 실행할 수 있는팀이 필요하며, 서비스 기획이라면 기획안을 실제 서비스로 구현할 수 있는팀이 필요하다. 마케팅 기획이라면 기획안에 나온 방법을 실행하며, 목표하는성과를 이뤄낼 수 있는 팀이 필요하다.

혼자 일할 수 없다 보니 서비스 기획자는 함께 일하는 사람들과 끊임없이 논의하고, 대화를 나누게 된다. 그리고 논의와 대화를 위한 토대는 결국 기획자가 작성한 문서다.

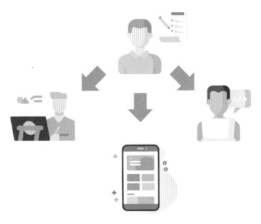

그림 1.3 다양한 부서와 연관될 수 있는 기획자의 문서

이러한 과정에서 오가는 모든 사항들은 문서화해서 정리해야 한다. 이렇게 문서화하는 작업은 일반적으로 서비스 기획자가 수행하게 된다.

만약 이러한 과정들을 글로 표현하지 않는다면 최종적으로는 어느 누구에게도 온전히 전달되지 않으며, 시간이 지나면 서비스 기획자 본인조차도 그 내용을 기억하지 못하게 된다. 본인조차도 기억하지 못하는 사항들은 일이 진행되고 있다가도 방향성을 상실하기 쉽고, 진행 상황을 모니터링하기 어려울뿐더러 문제 사항을 깨달았을 때 되돌리기도 어렵다.

이처럼 히스토리가 부재해서 발생하는 문제는 특히 스타트업에서 흔히 발생한다. 스타트업은 투입할 수 있는 리소스가 대기업에 비해 상대적으로 부족하기 때문에 문제를 해결하기 위한 솔루션을 빠르게 만들어 시장에서 검증하고 개선하고자 한다. 빠르게 만들고 또 검증 상황에 따라 시시각각 솔루션이 변할 수 있기 때문에 문서화 작업을 온전히 수행하지 못하거나 하지 않는 경우가 많다. 제품 히스토리가 부재하면 나중에 새로운 직원이 들어왔을 때 왜, 어떻게 제품이 만들어졌는지를 파악하기 어렵다. 또한 과거의 실패 과정을 다시 되풀이하는 낭비가 발생할 수도 있다. 이런 상황을 방지하려면 시간이 부족하고 제품이 빠르게 변하더라도 최소한의 문서화는 반드시 필요하다.

서비스 기획자는 프로젝트의 시작부터 끝까지, 때로는 프로젝트를 끝내고 난 이후의 운영 과정까지 제품의 전 과정에 참여하는 경우가 많다. 즉, 서비스 기획자에게 글을 쓰는 행위 자체는 서비스 기획자라는 직무를 수행하는 동안 모든 업무에서 끊임없이 수행되는 작업인 것이다.

스타트업에서 서비스 기획자가 하는 일

스타트업에서 서비스 기획자는 여러 종류의 업무와 역할을 수행하게 되는 경우가 많다. 조금 더 명확하게 설명하자면 제품 및 서비스를 만드는 데 기여하는 모든 업무는 서비스 기획자가 하는 업무라고 볼 수 있다.

단, 이 책에서 소개하는 직무는 서비스 기획자이며, 조금 더 나아가 PM(Product Manager)이나 PO(Product Owner) 직무를 말하기 때문에 이러한 관점에서 서비스 기획자가 주로 수행하는 업무는 사업 기획과 서비스 기획이다.

그림 1.4 서비스 기획자가 수행하게 될 기획의 종류

사업 기획

사업 기획은 회사의 목표를 달성하기 위해 새로운 서비스, 기능 등을 구상하는 기획을 의미한다. 단순하게 표현하자면 수익을 창출하기 위한 비즈니스 모델을 수립하는 것을 말한다. 어떻게 하면 돈을 벌 수 있을지, 무엇으로 돈을 벌 수 있을지를 고민하는 역할인 것이다. 비즈니스 모델을 수립하고, 이를 적용할 수 있는 서비스 및 제품의 방향성을 수립하는 일이 바로 사업 기획이다. 물론 더 나아가 회사의 미션과 비전에 대한 이야기를 할 수도 있고, 재무나 회계에 대한 이야기를 할 수도 있다.

만약 제품을 만들어낼 수 있는 능력 있는 사람들을 모으고, 제품 개발을 위한 자금을 확보하기 위해 투자를 받으려면 우리가 만들고자 하는 제품을 소개하고 우리가 만들 수 있는 역량이 충분하며, 우리의 제품이 가져올 미래가 밝고, 충분히 임팩트가 있는 서비스라는 것을 알려야 한다. 이런 고민들을 종합해서 작성한 것이 제품 및 회사 소개서나 IR 또는 사업계획서다. 이러한 전반적인 과정을 수행하는 것을 사업 기획이라 한다.

서비스 기획

서비스 기획은 제품 및 서비스를 구현하는 과정을 의미한다. 즉, 아이디어를 실제로 어떻게 보여주고, 어떤 기능을 담아내고, 어떤 경험을 사용자에게 제공할 수 있을지를 구체화하는 일을 총칭한다. 좀 더 풀어보자면 우리 제품 및 서비스의 잠재 고객이 어떤 문제를 겪고 있으며, 어떤 니즈를 가지고 있는지, 잠재 고객이 겪고 있는 문제를 어떻게 해결할 수 있을지, 우리가 만든 해결 방법을 그들에게 어떤 순간에, 어떤 방법으로 제공할 수 있을지를 표현하는 것이다.

- 사업 기획: 비즈니스 모델을 수립하고, 적용할 수 있는 서비스 및 제품의 방향성을 수립하는 일이다. 어떻게 하면 돈을 벌 수 있을지, 무엇으로 돈을 벌 수 있을지를 고민하는 역할이다.
- 서비스 기획: 사업 기획을 통해 도출된 제품 및 서비스에 대한 아이디어를 실제로 어떻게 보여주고, 어떤 기능을 담아내고, 어떤 경험을 사용자에게 제공할 수 있을지를 구체화하는 역할이다.

왜 두 개를 다 알아야 하지?

그런데 잠깐, 이런 생각이 들 수 있다. "서비스 기획자가 서비스 기획을 하면 되지, 왜 사업 기획에 대해서 알아야 하는 걸까?" 사실 두 개는 떼려야 뗄 수 없는 서로 맞물려 있는 관계이기 때문이다. 무엇이 좋고 나쁜지, 중요한지 중요하지 않은지, 상위 항목인지 하위 항목인지는 중요하지 않다. 서비스 기획은 사업 기획을 토대로 도출되며, 비즈니스를 명확히 이해해야 서비스 기획자가 목적에 부합하는 제품을 만들 수 있기 때문이다. 이러한 이유로 서비스 기획자는 두 가지를 모두 이해하고 있어야 하며 수행할 수 있어야 한다.

02

서비스 기획자에게 글쓰기가 중요한 이유

기획자는 다른 사람들과 함께해야 그 가치가 발현되는 직업이다. 기획이라는 업무는 원론적이고 개념적인 생각이나 추상적인 것, 즉 아이디어를 남들이 알아듣고 남들이 그려볼 수 있도록 구체적인 기획안으로 만드는 일이다. 이를 실제 제품으로 구현할 수 있는 디자이너와 개발자 또는 실제 업무를 담당하는 사람에게 넘겨주는 업무를 말한다.

이러한 과정에서 기획자의 아이디어를 온전히 설명하고 구현하기 위해서는 문서가 필요하다. 물론 이런 생각이 들 수 있다. 꼭 글로만 전달할 필요가 있을까? 말로 생각을 전달하는 방법도 있지 않을까?

물론 말로 전달할 수도 있다. 하지만 어딘가에 기록되지 않은 말은 금방 사라져 버리기 마련이고, 기억력이 아무리 좋다 해도 구현하는 과정에서 점차 처음 전달한 내용들이 흐려지기 마련이다. 결국, 기획자의 의도가 명확하게 반영되어 결과물까지 이어지기 위해서는 반드시 기록으로 남겨야 한다.

가령 개발자나 디자이너가 제품을 만드는 일에 착수할 때, 기획자가 전달하고자 하는 내용을 제대로 인지하지 않는다면 기획자가 아무리 말로 설명한다고 해도 제대로 이해하기 어려울 것이다. 또한 리뷰 시간을 통해 참여자들이 모두 이해하고 합의했더라도 실제로 각자 이해한 바가 조금씩 다르기 마련이며, 이는 결국 제품을 구현하는 단계에서 개발자와 디자이너가 각각 이해한 방식으로 진행되는 문제가 발생한다.

이러한 상황에서 기획자의 생각을 개발자나 디자이너가 온전히 구현할 수 있을까? 물론 가능할 수도 있다. 하지만 생각이 일치하지 않았기 때문에 이를 해결하는 과정에서 커뮤니케이션 리소스가 끊임없이 낭비된다. 그리고 커뮤니케이션 과정에서 바뀐 것들을 구현하는 과정에서 이를 온전히 반영하기 위해 반복적으로 수정하는 작업이 발생한다. 이러한 상황이 발생하면 제품을 온전히 구현하기까지 시간과 비용이 많이 발생하게 된다.

그림 1.5 제품 개발 프로세스의 기반이 되는 기획안

한편 기획자의 머릿속에서 떠오르는 생각을 온전히 타인에게 전달하기 위해서는 기획자가 말한 내용을 타인이 받아 적고 전달하는 것이 아니라 기획자 본인이 직접 작성해야 한다. 기획자의 생각을 타인이 적게 되면 그들의 필터를 통해 한 번 걸러지게 된다. 결과적으로 기획자의 최초 의도가 온전히 반영되지 못하는 상황이 발생할 수도 있다. 또한 기획자가 직접 기록한 문서는 작성 후 전달하기까지 기획자가 다시 확인하면서 내용을 수정하거나 보완하는 것이 가능하다.

이처럼 기획자가 생각한 바를 글로 표현해서 남들이 이해하고 머릿속으로 그려볼 수 있게 함으로써 제품이나 서비스를 실제로 구현하기 위해서는 글쓰기가 필요하다. 이를 위해 기획자는 아이디어를 기획안이라는 문서로 정리하게 된다.

기획자가 작성한 문서는 어떤 제품을 온전히 만들어내기 위해 제품과 관련된 이해관계자들과 끊임없이 이야기를 나누는 과정에서 의견을 나누고 합의하는 과정의 근간이 된다.

QA 체크
완성도 체크

이해관계자
회의 진행

제품 개발
일정 관리

기획안

성과 측정 및
분석

그림 1.6 여러 상황에서 기준과 근거가 되는 기획안

또한 제품 이해관계자들과 논의를 통해 제품을 구현하고 제품의 완성도를 높일 때도 기획자가 작성한 문서가 기반이 된다. 이뿐만 아니라 개발된 제품을 세상에 내놓고, 제품의 성과를 측정하는 데도 기획자가 작성한 문서가 기반이 된다.

각 과정마다 필요한 문서의 종류는 다를 수도 있지만 결국 제품의 시작부터 결과물까지, 그리고 성과 측정까지 모두 기획자가 작성한 문서를 토대로 이뤄진다. 이렇듯 기획자에게는 글쓰기가 굉장히 중요한 자질이자 역량이다.

스타트업

스타트업이란 일반적으로 설립된 지 얼마 되지 않았지만 혁신적인 아이디어와 기술을 가지고 있는 비상장 기업을 의미한다.

스타트업 컴퍼니   文A 51개 언어 ⌄

위키백과, 우리 모두의 백과사전.

🔗 스타트업은 여기로 연결됩니다. 다른 뜻에 대해서는 스타트업 (동음이의) 문서를 참조하십시오

스타트업 컴퍼니(영어: startup company) 또는 **스타트업**(영어: startup)은 설립한 지 오래되지 않은 신생 벤처기업을 뜻한다. 미국 실리콘밸리에서 생겨난 용어로서, 혁신적 기술과 아이디어를 보유한 설립된 지 얼마 되지 않은 창업 기업이다. 자체적인 비즈니스 모델을 가지고 있는 작은 그룹이나 프로젝트성 회사이다.[1][2][3]

이러한 회사들은 대부분 신생이며, 새로운 비즈니스 모델을 개발하거나 새로운 시장을 찾아 나서는 데 주력한다. 스타트업이란 용어는 닷컴 버블 이후 함께 등장하는데, 당시에는 닷컴 회사들을 지칭하는 의미로 쓰였다.

그림 1.7 '스타트업'의 정의(출처: 위키백과)

최근에 스타트업이 사회 경제적으로 큰 영향력을 가지는 경우가 많아서 관심도가 많이 높아지는 등 긍정적인 분위기가 늘어가는 추세인 것 같다. 그렇다면 스타트업은 어떻게 일을 할까?

스타트업의 환경

스타트업은 자유로운 업무 분위기, 실적에 따른 적절한 보상제도, 자율 출퇴근, 다양한 복지, 함께 성장하는 기쁨과 같은 문구들로 표현될 때가 많다. 물론 틀린 이야기는 아니다. 하지만 단점도 명확하다. 아직 잘 모르는 상태임에도 불구하고 스스로 업무를 정의하고 조직의 목적에 부합하는 일을 만들어야 한다는 어려움, 이를 통해 구현된 결과가 곧 성과이자 실력으로 평가되는 것에서 오는 부담감, 언젠가 회사가 갑자기 닫을지도 모른다는 두려움과 같이 직업의 안정성 측면에서 오는 단점도 크다.

물론 스타트업마다 차이는 있다. 스타트업에도 단계가 세분화돼 있으며, 단계별로 업무 환경에 큰 차이가 있을 수 있다. 이뿐만 아니라 유니콘(unicorn)이나 데카콘(decacorn)이라는 표현에 부합하는 스타트업 조직은 대기업 못지 않은 업무 체계와 조직 문화를 갖추고 있기도 하다.

하지만 대부분의 경우 업무 체계가 잘 구축돼 있지 있거나 조직 문화가 체계적으로 잘 자리 잡혀 있지 않다. 또한 스타트업은 업무를 배울 수 있는 환경은 더더욱 아니다. 스타트업에는 당장 업무의 최전선에 뛰어들어 성과를 만들 수 있는 사람이 필요하다. 스타트업이 자유로운 업무 분위기를 비롯한 다양한 복지문화를 제공하는 배경은 명백하다. 당장 성과를 만들어 올 수 있는 사람이 필요하며, 이를 위한 지원은 아끼지 않겠다는 의미다.

어떤 사람들이 스타트업에 어울릴까?

그렇다면 스타트업에는 경력자만 필요한 것일까? 회사의 시작부터 함께해서 미래의 구글, 애플, 삼성을 만들어보고 싶은데 그렇게 될 순 없는 걸까? 주니어 단계로는 스타트업에 입사할 수 없는 걸까?

딱 잘라 그렇다고는 말할 수 없다. 나는 사회생활을 창업으로 시작했지만 이후에 계속 스타트업에 몸담고 있으면서 많은 채용 과정에서 지원자가 주니어라서, 또는 경력이 없다고 해서 채용에 적합하지 않다거나 탈락시켜야겠다고 생각한 적은 없다.

경력이 빈칸이더라도 지원자가 어떤 성향을 가진 사람인지, 회사의 미션이나 비전에 공감할 수 있는 사람인지, 부족한 점을 스스로 배워가며 메꾸어가려고 노력하는 사람인지, 혁신적인 아이디어를 떠올릴 수 있는지를 더 중요하게 봤다. 그리고 솔직하게 이야기하자면 좋은 학교를 나오고 좋은 기업에서 인턴 경력을 쌓은 데다 능력이 출중하고 완벽해서 누가 봐도 괜찮은 사람이면 대기업에 취직한다.

물론 예외적인 경우도 있겠지만 아무리 스타트업의 복지제도가 훌륭해 보이더라도 대기업의 복지제도에 비하면 턱없이 부족한 게 현실이기 때문에 좋은 인재를 모시는 일은 스타트업으로서는 정말 어려운 일이다. 이 때문에 많은 스타트업에서는 인재를 채용하는 과정에서 지원자들에게 끊임없이 회사를 소개하고 어필하려 노력한다.

과거에 취업준비를 한창 할 때 자기소개서를 첨삭해 주거나 면접 특강을 가는 강사분들께서는 취업 과정은 회사와 진행하는 소개팅과 같은 것이라고 했다. 사실 대기업에서 면접을 볼 때는 그런 생각을 하지 못했었다. 소개팅은 서로가 서로를 알아가는 시간이며 서로가 잘 맞는지를 확인해봐야 하는 과정인데, 대기업에서의 면접 과정은 서로를 알아간다기보다는 시험을 치고 평가를 받는 느낌이었기 때문이다.

반면 스타트업의 채용 과정에서는 소개팅이라는 표현이 정말 적합하다는 생각이 들었다. 물론 회사마다 다르겠지만 대부분의 경우 당장의 인력 한명 한명이 회사의 미션과 비전을 달성하기 위해 즉각적으로 기여할 수 있기를 기대하고, 함께 회사의 문화를 만들기를 희망하는 모습을 볼 수 있었다. 면접 과정에서도 정답을 요구하기보다는 지원자가 문제를 해결하는 방법이나 의사소통하는 방법을 묻고, 회사의 기존 구성원들과 잘 맞을지, 좋은 시너지를 낼 수 있을지에 대해 확인하는 시간을 가지게 된다.

다시 스타트업에 적합한 사람들은 누구일까? 라는 질문으로 돌아오자면 나는 미래지향적이고 도전적이며, 끊임없이 배워나가는 것에 어려움을 느끼지 않는 사람이 스타트업에 적합한 사람이라고 답하고 싶다. 그리고 무엇보다도 스타트업의 특성상 함께 일하는 것의 가치를 알고 거기에 즐거움을 느끼는 사람이라고 생각한다.

대개 스타트업은 인원이 많지 않기 때문에 한 사람 한 사람의 영향력이 크다. 함께 일하는 것의 가치를 잘 모르거나 함께 일하는 것이 즐겁지 않은 사람과 함께 일한다면 회사가 성공으로 나아가긴 어려울 것 같다.

2장

서비스
기획자
글쓰기의
기본

서비스 기획자는 문서를 작성해야 하는 일이 생각보다 많다. 기획안, 보고서, 회의록, 업무일지 등 많은 시간을 이러한 문서를 작성하는 데 보낸다. 단순히 매번 새로 만드는 데 시간을 쏟는 것뿐만 아니라 회의를 통해 기존 기획안이 수정되면 이를 수정하는 작업도 해야 하고 회의록도 써야 한다. 이렇게 작성된 문서는 제품 개발의 시발점이자 기준점이 된다.

정리가 안 된 마구 어질러진 방에 들어서고 있다고 생각해보자. 보자마자 답답하고 지저분하다는 생각이 들어 차마 발을 들여놓기 꺼려지지 않을까? 만약 이런 방이 수십 개, 수백 개라면 어떨까? 아니 내가 들어가는 모든 방마다 정리가 안 된 채 지저분하다면 어떨까? 어떤 방에도 들어가고 싶지 않다면 결국에는 방을 직접 청소하려고 할지도 모른다.

서비스 기획자가 작성하는 문서가 이처럼 정리되지 않고 지저분한 방이라면 어떨까? 아마 기획자가 작성한 글을 읽어야 하고, 이를 토대로 업무를 수행해야 하는 이해관계자들에게는 글을 읽는 과정이 매우 곤혹스러운 일이 될 것이다. 만약 서비스 기획자가 작성하는 모든 문서가 이처럼 정리돼 있지 않다면 어쩌면 협업자들은 그러한 서비스 기획자와 일하기를 싫어할지도 모른다. 그러다 결국은 본인들이 직접 기획안을 수정하려 든다거나 기획안과는 다른 제품이 만들어질 수도 있다.

나 혼자 보는 문서라면 아무렇게나 적어도 상관없다. 하지만 서비스 기획자가 작성한 문서는 다른 사람이 더 많이 보게 되는 경우가 많다. 심지어 그들은 서비스 기획자가 만들어놓은 문서를 토대로 제품을 만들어내야 한다. 그렇기 때문에 반드시 잘 정리돼 있어야 한다.

실제로 현업에서 일하면서 내가 작성한 기획안은 한 번 작성하고 나면 다시 잘 보지 않는 경우가 많았다. 기획안을 이해하지 못한 디자이너나 개발자가 문의를 해오거나, 정책을 수립하기 위해 로직을 다시 살펴봐야 하거나, 변경사항이 생겨 수정할 때에만 다시 들여다보곤 했다.

기획자가 작성한 문서는 다른 사람들이 더 자주 보는 문서이고, 그들에게 내 생각을 온전히 잘 전달하고 싶다면 정리가 잘 된 보기 좋은 문서를 만들어야 한다. 정리가 잘 된 문서는 보기도 좋고, 내용도 술술 잘 읽힌다. 그래서 문서를 읽는 동안 전체 맥락이나 핵심을 파악하기도 좋고, 다 읽고 난 후에도 기억에 오래 남는다. 그럼 잘 읽히는 문서는 어떻게 만들어야 하는 걸까?

01
구성요소 및 목차

구성요소 및 목차는 글의 구조를 잡는 뼈대다. 글의 구조를 잡는 작업은 글의 스토리를 잡는 작업이라고 생각하면 된다. 글이 앞뒤 구분 없이 작성되거나, 전혀 연관되지 않은 내용이 갑자기 나타난다거나, 필요한 내용임에도 작성하지 않는 경우는 글의 뼈대가 없기 때문에 발생하는 문제다.

이 같은 글은 내용을 이해하는 데 어려움을 겪기 쉽고, 글의 설득력을 떨어뜨리는 요인이 되기도 한다. 이처럼 글의 구조를 잡아 스토리를 만드는 작업을 하면 우리가 쓴 글을 보는 사람으로 하여금 이해하기 쉽고, 설득력 있는 메시지를 전달할 수 있다.

또한 전반적인 글의 구조를 잡고 나면 어떤 내용이 필요한지, 어떤 내용을 추가해야 할지 쉽게 파악할 수 있다. 또한 이는 글을 읽는 사람에게도 도움이 된다. 어떤 내용이 어디에 있는지를 파악하기가 쉽기 때문에 필요한 내용을 빠르게 찾아서 확인할 수 있다.

간혹 회사에서 기본적인 구성요소나 목차를 정해놓은 경우도 있다. 이런 경우에는 정해진 양식을 토대로 작성하면 되는데, 이러한 경우 정해진 양식에 무조건 맞춰야 한다고 생각하는 경우가 있다. 앞서 말했듯이 기본적인 구성요소나 목차이기 때문에 추가, 삭제, 순서 변경, 보완 등 수정을 해도 된다.

물론 정해진 양식은 조직 구성원 간 상호 합의한 내용이기 때문에 만약 변경되는 사항이 있다면 각 요소에 대한 내용은 기획안 어딘가에 포함돼 있어야 한다. 꼭 필요한 요소인데 작성되지 않은 상태로 기획안을 상급자에게 보고하면 해당 기획안은 반려될 가능성이 매우 높다.

이야기, 소설, 각본과 같이 스토리가 기반인 글에는 기승전결이 있다. 기승전결은 이야기의 시작과 전개, 마무리로 이어지는 글의 진행 순서를 의미한다. 스토리가 기반인 글은 밋밋하지 않고 재미가 있어야 한다. 그래서 주인공이나 특정 문제, 갈등 상황이 기승전결 형태로 구성돼 읽거나 보는 내내 독자로 하여금 몰입하게 하는 강한 흡입력이 있다.

여기서 몰입과 흡입력이라는 기승전결 구조의 특징이 드러난다. 즉 기승전결 구조는 글을 읽는 사람에게 강한 설득의 효과를 제공한다. 제품을 만들기 위해 끊임없는 설득과 커뮤니케이션을 해야 하는 기획자는 기승전결 구조의 기획안을 작성하는 것이 좋다.

정해진 양식이 없어 기획안의 목차를 구성하는 데 막막함을 느끼고 있다면 크게 6가지를 기본으로 작성해보자. 기획 배경(Background), 목적(Purpose), 기획 내용(Solution), 실행 계획(Action Plan), 환경(Environment), 기대 결과(Result)가 그것이다.

기획 배경(Background): 왜 이 기획을 진행하게 됐는가?

목적(Purpose): 이 기획은 어떤 목적을 달성하기 위한 것인가?

기획 내용(Solution): 목적을 달성하기 위해서 어떤 것을 실행할 것인가?

실행 계획(Action Plan): 실행을 위한 구체적인 계획은 어떻게 되는가?

환경(Environment): 실행에 영향을 끼치는 긍정적, 부정적 환경이 존재하는가?

기대 결과(Result): 실행에 따른 결과는 어떠한가?

그림 2.1 기획안의 6가지 구성요소

기획 배경과 목적은 기획을 진행하게 된 계기를 설명한다. 이를 통해 기획을 진행해야 하는 타당성을 소개한다. 기획 배경은 사회적인 배경이나 트렌드 등과 같이 기획을 진행하게 된 계기라고 보는 것이 조금 더 명확하다. 기획 목적은 '그래서', '왜', '어떤 목적을 달성'하기 위해 기획을 진행하게 됐는가를 기술한다.

이렇게 하는 이유는 기획의 필요성에 대한 공감을 얻기 위해서다. 기획에 대한 공감을 얻는다면 뒤에 나올 기획 내용을 조금 더 긍정적인 시각으로 볼 수 있기 때문이다. 공감을 얻었다면 이제 무슨 기획(Solution)인지 소개하고, 기획을 실행할 수 있는 계획을 설명한다.

기획 내용은 앞서 기술한 기획의 목적을 '어떤 방법'으로 달성할 수 있는가를 기술한다. 기획 내용을 설명할 때는 해당 기획의 핵심을 설명할 수 있는 한두 문장을 먼저 적고 시작하는 것이 좋으며, 누구라도 쉽게 이해할 수 있도록 최대한 쉽게 설명할 수 있어야 한다.

실행 계획은 기획 내용을 시간과 자원이라는 두 가지 축을 기준으로 작성하며, 인력이나 비용 등의 자원을 어떤 일정에 따라 투입할지, 그를 통해 '언제', '어떻게' 진행할 수 있고, 언제 '결과'에 도달할 수 있는가를 기술한다.

환경에서는 기획 자체 또는 실행 계획을 진행하면서 발생할 수 있는 외부적인 요인을 기술한다. 주로 경쟁 환경이나 정책, 법령 등이 포함된다. 이러한 외부적 요인은 기획안을 작성할 때와 실제 실행하는 단계에서 급작스럽게 바뀌거나 없어지거나 추가되는 경우가 많기 때문에 기획 단계뿐만 아니라 제품의 전단계에서 주의 깊게 살펴봐야 한다.

마지막으로 기대 결과에서는 기획 내용을 수행했을 때 얻을 수 있는 경제적 가치나 사회적 가치를 기술한다. 경제적 가치는 가격, 비용, 재무적 성과 등 재화와 용역에 대해 경제적인 이익을 추구할 수 있는 것을 말한다. 사회적 가치는 경제 영역뿐만 아니라 사회, 환경, 조직 구조 등 다양한 영역에서의 가치 창출 활동을 추구하는 행위를 말한다. 또한 개인, 사회, 미래를 위한다는 공익적인 관점에서의 이익을 추구할 수 있는 것을 말한다. 최근에는 ESG(Environment, Social, Governance)에 대한 관심도와 중요성이 증가하면서 기업의 사회적 가치를 창출하는 행위가 중요해지고 있다.

이렇게 해서 기획안의 구성요소를 알아봤다. 좀 더 구체적으로 살펴보기 위해 예시로 쓰레기통의 위치를 알려주는 앱 서비스를 만든다고 가정해보자. 이때 다음과 같이 내용을 작성할 수 있다.

기획 배경(Background): 쓰레기통이 부족해 쓰레기를 아무 곳에나 버리는 문제를 앱 서비스를 통해 해결하고, 효율적인 관리 체계를 구축해서 이를 지속 가능하게 하기 위함

목적(Purpose): 사용자가 쓰레기통의 위치를 파악할 수 있게 도와 쓰레기를 길거리에 버리는 문제를 효율적으로 해결

기획 내용(Solution): 사용자의 위치를 기반으로 반경 1km 내 쓰레기통의 위치를 알려주는 기능을 제공

실행 계획(Action Plan)
- 위치정보 수집에 대한 법령 검토
- 쓰레기통 위치 알림 애플리케이션 디자인 및 개발 요소 파악
- 쓰레기통 위치 알림 애플리케이션 구현
- 마케팅

환경(Environment): 실행에 영향을 끼치는 긍정적, 부정적 환경이 존재하는가?
- 긍정적 요인: 쓰레기 무단 투기에 대한 부정적 인식 확산
- 부정적 요인
  - 쓰레기통 설치를 축소하려는 각 지자체 정책
  - 앱에 대한 접근성: 앱을 설치해야 사용할 수 있음

기대 결과(Result): 무단 투기 쓰레기 처리에 필요한 사회적 비용 000,000,000원 감소

그림 2.2 기획안 기본 구성요소에 따라 작성한 예시

누가(Who), 언제(When), 어디서(Where), 무엇을(What), 어떻게(How), 왜(Why)

그림 2.3 육하원칙

인터넷에서 '육하원칙'을 검색하면 기사 형태의 글에 쓰이는 기본 원칙이라고 설명한다. 기사는 독자에게 명확한 내용을 전달해야 하는 성격을 지녔으므로 육하원칙이란 명확한 의미를 전달하기 위해 사용하는 글쓰기 원칙이라고 생각할 수 있다.

기획안 역시 읽는 사람이 어떤 내용인지를 왜곡 없이 파악해야 하고, 그에 따라 실행해야 하기 때문에 명확한 내용을 전달해야 한다. 명확하지 않은 기획안은 읽는 사람이 내용을 잘못 파악하고, 잘못 파악한 내용을 토대로 제품이나 서비스를 개발하는 결과로 이어진다. 그럼 최종적으로 나오게 될 결과물 또한 최초에 기획자가 의도한 바와 달라 매우 실망스럽거나 프로젝트가 수포로 돌아갈 수 있다.

이처럼 프로젝트가 실패하지 않으려면 기획안에도 육하원칙이 필요하다. 육하원칙에 맞춘 기획안을 작성하기 위해 육하원칙 구성요소들을 기획안에 나열해보고 각 요소에 해당하는 내용을 채워 넣어 보자.

000 기획안

1. **개요:** 000 서비스 디자인 개선의 건

   누가(Who): 000 서비스 담당자

   언제(When): 2021. 2. 1(월) ~ 2021. 2. 12(금), 12일간

   어디서(Where): 000 서비스 디자인 개선을 위한 각 담당 부서

   무엇을(What): 000 서비스 메인 페이지 내 상품 디스플레이 영역 디자인 개선 작업

   어떻게(How)
   - 상품 디스플레이 타이틀 및 배경 변경
   - 상품 배열 영역 조정
   - 각 상품 이미지 내 구매 유도 버튼 추가

   왜(Why): 사용자가 상품 디스플레이 영역 내에서 상품 구매를 바로 할 수 있도록 유도하기 위함

그림 2.4 육하원칙을 적용한 기획 예시

육하원칙을 채워 넣었다면 이를 정리하고 세분화하는 작업이 필요하다. 각 항목들을 더 작은 요인들로 분해하고, 분해한 것들 중 비슷한 것들을 그루핑해서 정리할 수 있다. 분해하고 그루핑하는 방법은 기획자가 기획안을 작성할 때 중요한 부분이기 때문에 별도의 장(chapter)으로 작성했으니 뒤에서 더 자세히 확인할 수 있다. 육하원칙을 토대로 정리하고 세분화해보면 다음과 같이 작성할 수 있다.

000 기획안

1. 개요: 000 서비스 디자인 개선의 건

2. 목적: 사용자가 상품 디스플레이 영역 내에서 상품 구매를 바로 할 수 있도록 유도하기 위함

3. 실행 계획

　가. 일시: 2021. 2. 1(월) ~ 2021. 2. 12(금) 12일간

　나. 세부 내용

　　1) 기획: 2021. 2. 1(월) ~ 2021. 2. 3(수) / 기획 리뷰: 2021. 2. 3(수) 15:00 / 기획팀 000

　　　가) 상품 디스플레이 타이틀 변경안 상위 기획안 작성

　　　나) 상품 배열 영역 조정에 대한 요구사항 및 기능 정의서 작성

　　　다) 상품 이미지 내 구매 유도 버튼 추가에 대한 기능 정의 및 화면설계서 작성

　　2) 디자인: 2021. 2. 3(수) ~ 2021. 2. 5(금) / 디자인팀 000

　　　가) 기획안에 따른 디자인 가이드 수정

　　　나) 상품 디스플레이 영역 디자인 변경

　　　다) 구매 유도 버튼이 추가된 디자인 작업

　　3) 개발: 2021. 2. 8(월) ~ 2021. 2. 10(수) / 개발팀 000, 000

　　　가) 기획 및 디자인에 따른 화면 구성요소 변경

　　　나) 구매 유도 버튼 클릭 시 해당 상품의 구매 페이지로 이동할 수 있도록 시스템 구현

　　　다) 상품 디스플레이 영역에 대한 체류 시간 로깅, 구매 유도 버튼 클릭 이벤트 로깅

　　4) QA: 2021. 2. 10(수) ~ 2021. 2. 11(목) / QA팀 000

　　5) 배포: 2021. 2. 12(금) 10:00 / 기획팀 000

4. 기대 결과: 구매 전환율 5% 증대

그림 2.5 육하원칙을 적용한 기획안 예시

이렇게 육하원칙으로 초안을 작성한 후 세부 내용을 보완하는 방식으로 구성
하면 기획안을 읽는 사람이 읽기 쉽고 전반적인 내용을 파악하기 쉽게 작성할
수 있다. 이를 토대로 작업을 진행하면 기획 내용이 크게 왜곡되는 일 없이 전
달하는 것도 쉬워진다.

03
글머리 기호

문서에는 많은 텍스트가 담긴다. 그런데 장문의 텍스트로만 구성되면 가독성이 떨어져 내용을 한 번에 파악하기 어렵고, 중요도에 큰 차이가 없는 것처럼 보여 글의 논리성이 떨어진다. 이럴 때 필요한 것이 글머리 기호다.

글머리 기호를 사용하는 방식은 다양하다. 숫자나 글자로 표현할 수 있고, 또는 동그라미나 네모 같은 기호로 표현할 수도 있다. 각 방식은 대체로 효과적인 사용 방식이 있고, 쓰임새가 다르다. 그렇기 때문에 유의해서 사용해야 하며, 적절하게 조합해서 사용해야 한다. 만약 글머리 기호를 규칙 없이 사용하면 가독성이나 논리성이 글머리 기호를 사용하지 않았을 때보다 오히려 떨어지게 된다.

> 서술식: 문장을 작성할 때 주어, 술어, 목적어가 모두 구비된 완전한 문장의 글쓰기 방식
>
> 개조식: 글을 짧게 끊어서 중요한 요점이나 단어를 나열하는 글쓰기 방식

그림 2.6 서술식과 개조식

제품 및 서비스를 개발하기 위해 작성하는 기획 문서는 주로 개조식으로 작성한다. 개발자의 경우 개발 가이드 문서나 간단한 질문 등의 경우를 제외하고는 서술식으로 글을 적는 경우가 드물다. 대부분 제품의 배포 문서(Release Note)나 기획안으로부터 해야 할 일(Ticket, 티켓)을 생성할 때 글을 쓰게 된

다. 이렇게 기획안에 대한 내용을 토대로 문서를 작성하기 때문에 기획 문서를 개조식으로 작성하는 것이 좋다. 따라서 글의 순서나 흐름보다는 각 기능이나 화면의 구성요소가 더 중요하다. 이러한 이유로 동그라미나 네모 같은 기호를 글머리 기호로 사용한다.

- **시스템 구분:** Admin
- **요구사항 상세**
  - 회원관리 페이지 진입 시 등록된 모든 회원정보를 불러와 테이블 형태로 노출합니다.
    - 페이지 당 리스트 수: 최대 20개
      - 20개 이상의 항목을 불러오는 경우 페이지네이션 기능을 적용합니다.
    - 테이블 정렬 순서 Default 값: 최근 접속일 기준
    - 테이블 내 특정 Column의 경우 오름차순, 내림차순을 적용할 수 있습니다.
  - 회원 목록 테이블 내에서 보여줄 데이터
    - 순서(번호), 회원 라벨, 이름, 이메일, 직종, 회원 구분, 최근 접속일자, 계정 생성일
    - 회원 목록에 추가 가능한 데이터: 휴대전화번호(- 제외), 결제 일자, 구독 종료 일자
    - 회원은 복수 선택이 가능해야 합니다.
  - 회원 리스트 내 회원 목록을 선택(클릭)함으로써 회원의 상세 정보를 보거나 수정할 수 있어야 합니다.
  - 회원 현황 리스트에서 회원을 복수 선택해서 일부 특징을 일괄 수정할 수 있어야 합니다.
  - 회원 현황 리스트에서 회원을 복수 선택해서 일괄 삭제할 수 있어야 합니다.

그림 2.7 개조식 기획안의 예

한편 기획자는 제품 개발팀 외에 여러 사내외 이해관계자와 소통해야 하는 일이 잦다. 이러한 경우에 작성하는 문서는 서술식과 개조식이 모두 필요하다. 예를 들면, 사업계획서나 각종 보고서와 공문, 계획안과 같은 것이 있다.

이러한 문서에서는 앞서 말한 제품 개발을 위한 기획 문서와는 다르게 글의 순서나 흐름이 굉장히 중요하다. 각 기능의 구성요소를 설명하고 이해시키기보다는 글을 짜임새 있게 구성함으로써 상대방을 설득하는 데 중점을 두기 때문이다. 이러한 이유로 숫자나 글자, 기호를 모두 글머리 기호로 사용한다. 행정자치부에서 정한 『사무관리규정시행규칙』을 참고하면 좋다. 『사무관리규정시행규칙』의 제10조 '항목의 구분'에 따르면 공문서 작성에서 사용하는 글머리 기호 구분 방식은 다음과 같다.

제10조 (항목의 구분) 문서의 내용을 2이상의 항목으로 구분할 필요가 있는 때에는 다음 구분에 의하여 표시하여야 한다. 다만, 필요한 경우에는 부분적으로 □, ○, -, 등과 같은
특수한 기호로 표시할 수 있다. <개정 1996. 5. 28., 2003. 7. 14.>
  1. 첫째항목의 구분은 1., 2., 3., 4.……로 나누어 표시한다.
  2. 둘째항목의 구분은 가., 나., 다.……로 나누어 표시한다.
  3. 셋째항목의 구분은 1), 2), 3), 4)……로 나누어 표시한다.
  4. 넷째항목의 구분은 가), 나), 다), ……로 나누어 표시한다.
  5. 다섯째항목의 구분은 (1), (2), (3), (4) ……로 나누어 표시한다.
  6. 여섯째항목의 구분은 (가), (나), (다), (라)……로 나누어 표시한다.
  7. 일곱째 항목의 구분은 ①,②,③,④ ……로 나누어 표시한다.
  8. 여덟째 항목의 구분은 ㉮,㉯,㉰,㉱……로 나누어 표시한다.
  9. 제2호·제4호·제6호 및 제8호의 경우에 하., 하), (하), ㉼이상 더 계속되는 때에는 거., 거), (거), <거>, 너, 너), (너), <너>……로 이어 표시한다.

그림 2.8 『사무관리규정시행규칙』, 행정자치부

이 규칙이 법률이라서 반드시 지켜야 한다거나 정부기관이나 정부 관련 사업
을 하는 회사에서만 적용해야 하는 것은 아니다. 반드시 지킬 필요는 없지만
일반적인 회사에서도 기안서나 문서를 작성할 때 이런 양식을 따르는 경우가
많기 때문에 숙지하고 있으면 도움이 된다.

이때 한 가지 주의해야 할 점은 숫자와 기호를 한 호흡 안에서 사용하지는 않
아야 한다는 것이다. 이를테면 다음과 같은 방식으로 작성하는 것은 지양해야
한다.

1. 개요
  ❏ 000 서비스 디자인 개선의 건
2. 실행 계획
  ❍ 일시: 2021. 2. 1(월) ~ 2021. 2. 12(금) 12일간
3. 세부 내용
  가. 기획: 2021. 2. 1(월) ~ 2021. 2. 3(수) / 기획 리뷰: 2021. 2. 3(수) 15:00
    ❍ 상품 디스플레이 타이틀 변경안
  ...

그림 2.9 잘못된 글머리 기호 적용의 예

하위 항목을 들여쓰기할 때는 탭(tab)을 쓰는 방식과 스페이스바를 이용해 띄어쓰는 두 가지 방법이 있다. 어떤 방식을 사용해도 무방하나 들여쓰기에는 항상 통일감이 있어야 한다. 개인적으로 제품 개발 기획 문서에서는 탭을 활용하고, 사업계획서나 공문, 보고서 등과 같은 문서에서는 스페이스바를 사용한다.

제품 개발 기획 문서에서는 문서를 보는 사람이 계층 구조를 명확하게 파악하는 것이 중요하다. 또한 각종 협업 도구에서는 탭을 활용해 계층 구조를 정립하는 것이 굉장히 잘 구현돼 있기 때문에 탭을 이용해 들여쓰기하는 것이 효율적이다.

반면 공문서를 작성할 때는 들여쓰기에 대한 규칙이 스페이스바를 기준으로 정립돼 있기 때문에 공문 및 보고서, 사업계획서 등의 문서에서는 스페이스바를 사용해 들여쓰기를 적용한다.

04

가독성 높이기

문서를 작성할 때 텍스트를 동일한 크기와 굵기, 색으로만 작성면 가독성이 현저히 떨어진다. 특별한 강조 표시가 없거나 글자 크기가 구분돼 있지 않은 문서는 보기도 매우 힘들고, 누구에게는 보자마자 읽기 싫은 문서가 될 수도 있다. 이 경우 가독성을 높이기 위해서는 텍스트를 이리저리 꾸며보면 된다. 폰트 크기를 바꿔보기도 하고, 색도 입혀보고, 도형이나 도표도 추가해보자.

폰트 크기 조정

마이크로소프트 워드나 한글과컴퓨터 한글 같은 문서 편집 프로그램에서는 텍스트를 자유자재로 수정할 수 있다(다만 협업 도구에서는 문서 편집 프로그램에 비해 자유도가 떨어진다). 글자를 조정해서 가독성을 높이는 방법은 텍스트를 중요도에 따라 위계를 나눔으로써 전달력을 높이는 것이다.

폰트 크기는 제목과 부제목, 소제목, 본문에 따라 나눈다. 본문에는 다시 일반 본문 내용과 부연 설명에 따라 크기를 조정한다. 제목부터 본문에 해당하는 글자 폰트 크기는 2pt 정도의 차이를 둬서 구분하는 것이 좋으나 조금씩 더 구분해도 무방하다. 가령 제목이 16pt라면 부제목은 14pt, 소제목은 12pt, 본문은 10pt로 지정한다. 일반 본문 내용과 부연 설명도 2pt 차이로 지정하나

너무 작게 느껴진다면 1pt 정도의 차이만 둬도 좋다. 다음 예시를 통해 구분되는 정도를 확인해보자.

그림 2.10 폰트 크기를 조정한 예

협업 도구나 에디터 기능을 제공하는 문서 작성 프로그램에서는 제목, 부제목, 소제목, 본문 서식을 미리 시스템에 만들어둔 경우가 있다. 따라서 사용자가 세밀하게 폰트 크기를 조정할 수도 있지만 폰트 크기를 하나하나 조정할 수 없다면 시스템에서 제공하는 제목 분류 기준을 적용하면 된다.

그림 2.11 메모 앱, 노션 등의 프로그램에서 폰트 크기를 조정한 예

강조(Bold)로 가독성 높이기

강조는 가독성을 높이는 것뿐만 아니라 단락이나 문장에서 핵심적인 부분이 무엇인지 빠르게 파악하고, 기억에 남게 하는 데 사용한다. 기본적으로 제목 영역에 사용하며, 본문에서 특별히 강조하고 싶은 단어나 문장에 적용하기도 한다. 단 문장에 모두 적용하기보다는 강조하고 싶은 특정 단어에 적용하는 것이 핵심적인 내용을 전달하는 데 효과적이다. 강조 기능은 문서 편집 프로그램이나 협업 도구에서 모두 제공하는 기능으로, 능숙하게 사용하면 문서의 가독성뿐만 아니라 전달력을 높일 수 있다.

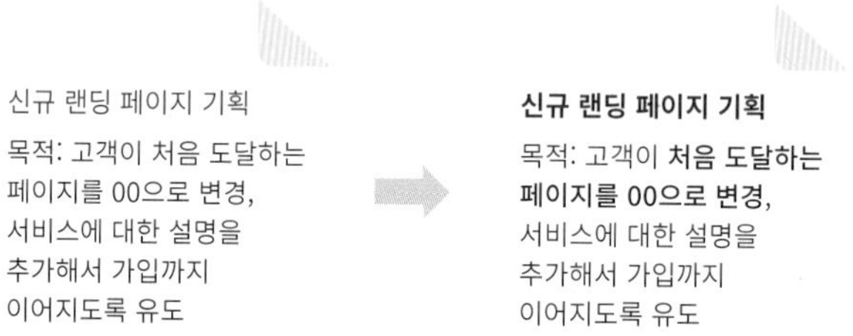

신규 랜딩 페이지 기획
목적: 고객이 처음 도달하는
페이지를 00으로 변경,
서비스에 대한 설명을
추가해서 가입까지
이어지도록 유도

신규 랜딩 페이지 기획
목적: 고객이 **처음 도달하는**
페이지를 00으로 변경,
서비스에 대한 설명을
추가해서 가입까지
이어지도록 유도

그림 2.12 강조 효과의 예

색 활용을 통한 가독성 높이기

색 활용은 강조와 비슷하게 가독성뿐만 아니라 전달력을 높이는 데 효과적이다. 강조와 다른 점은 제목 영역에는 잘 사용하지 않고 본문 내용에서 주로 사용한다는 점이다. 색을 사용할 때 한 가지 유의할 점은 너무 화려하거나 잘 보이지 않는 색은 지양해야 한다는 것이다.

또한 여러 가지 색깔을 사용할 경우 색에 대한 규칙을 정해서 일관되게 적용해야 한다. 부연 설명에 초록색을 사용하기로 했다면 부연 설명에 해당하지 않는 내용에는 초록색을 사용하지 않아야 한다. 마찬가지로 부정적인 내용에

는 빨간색, 긍정적인 내용에는 파란색을 사용하기로 했다면 빨간색과 파란색
을 다른 내용에 사용하지 않아야 한다.

000 기획안

1. **개요:** 000 서비스 디자인 개선의 건

2. **목적:** 사용자가 상품 디스플레이 영역 내에서 상품 구매를 바로 할 수 있도록 유도하기 위함

3. **실행 계획**
  가. 일시 : 2021. 2. 1(월) ~ 2021. 2. 12(금) 12일간
  나. 세부 내용
   1) 기획 : 2021. 2. 1(월) ~ 2021. 2. 3(수) / 기획 리뷰: 2021. 2. 3(수) 15:00 / 기획팀 000
    가) 상품 디스플레이 타이틀 변경안 상위 기획안 작성
    나) 상품 배열 영역 조정에 대한 요구사항 및 기능 정의서 작성
    다) 상품 이미지 내 **구매 유도 버튼 추가**에 대한 기능 정의 및 화면설계서 작성
   2) 디자인: 2021. 2. 3(수) ~ 2021. 2. 5(금) / 디자인팀 000
    가) 기획안에 따른 **디자인 가이드 수정**
    나) 상품 디스플레이 영역 디자인 변경
    다) **구매 유도 버튼이 추가**된 디자인 작업
   3) 개발 : 2021. 2. 8(월) ~ 2021. 2. 10(수) / 개발팀 000, 000
    가) 기획 및 디자인에 따른 화면 구성요소 변경
    나) 구매 유도 버튼 클릭 시 **해당 상품의 구매 페이지로 이동**할 수 있도록 시스템 구현
    다) 상품 디스플레이 영역에 대한 체류 시간 로깅, 구매 유도 버튼 클릭 이벤트 로깅
   4) QA: 2021. 2. 10(수) ~ 2021. 2. 11(목) / QA팀 000
   5) 배포: 2021. 2. 12(금) 10:00 / 기획팀 000

4. **기대 결과: 구매 전환율 5% 증대**

그림 2.13 글자 색을 활용한 예

줄 간격 조정

줄 간격은 행간이라고 하는데, 행간을 조정하는 것은 단락과 단락, 문장과 문
장을 명확하게 구분하는 방법이다. 서로 연관된 내용이 아님에도 줄 간격이
구분돼 있지 않다면 문서를 읽을 때 연속적인 내용으로 보여 전달력이 흐려진
다. 이뿐만 아니라 줄간격을 보기 좋게 조정하면 읽기가 훨씬 수월하다. 행간
이 지나치게 좁거나 지나치게 넓으면 글이 산만해 보인다.

줄 간격은 엔터를 이용하거나 워드나 한글 프로그램의 줄간격 옵션을 통해 조정할 수 있다. 줄 간격은 제목과 부제목, 소제목, 본문을 구분하거나 본문 내에서 단락을 구분할 때 주로 적용한다. 엔터를 입력해서 줄 바꿈으로 줄 간격을 조정할 수도 있고 워드나 한글 같은 문서 편집 프로그램에서는 엔터 외에도 문서 서식으로 줄 간격을 별도로 적용할 수 있다.

문서 편집 프로그램이 아닌 경우 대부분의 협업 도구에서는 엔터를 입력해서 줄 간격을 구현한다. 줄 간격을 조정하는 기능이 별도로 없는 경우가 대부분이기 때문이다. 이 경우 줄 간격을 통해 문서의 심미성과 가독성을 높이기보다는 글자 크기, 색, 글머리 기호 등을 최대한 활용해서 문서를 작성하는 것이 좋다. 반면 문서 편집 프로그램에서는 줄 간격 기능을 좀 더 효과적으로 사용하는 것이 좋다. 엔터를 입력해서 줄 간격을 조정할 경우 폰트 크기에 따라 줄 간격이 달라지기 때문에 줄 간격이 제각각 달라질 수 있다. 줄 간격이 제각각 달라지면 문장과 문장, 단락과 단락이 명확하게 구분되지 않아 연속된 내용인지 분리된 내용인지 파악하기 어려워진다.

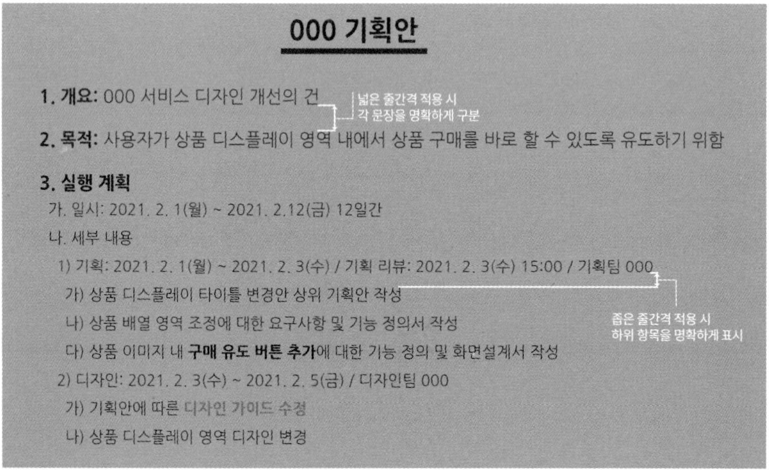

000 기획안

1. 개요: 000 서비스 디자인 개선의 건 ─ 넓은 줄간격 적용 시 각 문장을 명확하게 구분

2. 목적: 사용자가 상품 디스플레이 영역 내에서 상품 구매를 바로 할 수 있도록 유도하기 위함

3. 실행 계획
　가. 일시: 2021. 2. 1(월) ~ 2021. 2.12(금) 12일간
　나. 세부 내용
　　1) 기획: 2021. 2. 1(월) ~ 2021. 2. 3(수) / 기획 리뷰: 2021. 2. 3(수) 15:00 / 기획팀 000
　　　가) 상품 디스플레이 타이틀 변경안 상위 기획안 작성
　　　나) 상품 배열 영역 조정에 대한 요구사항 및 기능 정의서 작성 ─ 좁은 줄간격 적용 시 하위 항목을 명확하게 표시
　　　다) 상품 이미지 내 **구매 유도 버튼 추가**에 대한 기능 정의 및 화면설계서 작성
　　2) 디자인: 2021. 2. 3(수) ~ 2021. 2. 5(금) / 디자인팀 000
　　　가) 기획안에 따른 디자인 가이드 수정
　　　나) 상품 디스플레이 영역 디자인 변경

그림 2.14 줄 간격의 활용 예

도형 및 도표를 활용해 가독성 높이기

도형 및 도표를 활용하는 방법은 시각적으로 시선을 사로잡기 쉽고, 글을 읽지 않아도 한눈에 설명하고자 하는 내용을 파악할 수 있기 때문에 전달력이 높다는 장점이 있다. 텍스트로만 설명하기 어렵거나 텍스트로는 전달력에 한계가 명확한 경우가 있다.

작업 프로세스처럼 시간의 흐름이 중요한 역할을 하거나, 동일한 내용을 그룹별로 다르게 설명해야 하는 경우에는 단순하게 텍스트로만 표현하기 어렵다. 이 경우 도형이나 도표를 사용하면 내용을 효과적으로 전달할 수 있다.

개요	000 서비스 디자인 개선의 건
목표	사용자가 상품 디스플레이 영역 내에서 상품 구매를 바로 할 수 있도록 유도

2. 1(월) ~ 2. 3(수)	2. 3(수) ~ 2. 5(금)	2. 8(월) ~ 2. 5(수)	2. 10(수) ~ 2. 11(목)
기획팀 000	**디자인팀 000**	**개발팀 000, 000**	
상품 디스플레이 타이틀 변경안 상품 배열 영역 조정에 대한 화면설계서 작성 상품 이미지 내 **구매 유도 버튼** 추가에 따른 기능 정의 및 화면설계서 작성	기획안에 따른 **디자인 가이드 수정** 상품 디스플레이 영역 레이아웃 조정 구매 유도 버튼 추가된 디자인 작업 진행	기획안 및 디자인에 따른 **화면 구성요소 변경** 구매 유도 버튼 클릭 시 **해당 상품의 구매 페이지로** 이동할 수 있도록 시스템 구현 상품 디스플레이 영역 체류 로깅, 구매 유도 버튼 클릭 이벤트 로깅	QA 2. 12(금) 10:00 배포

그림 2.15 도형 및 도표의 활용 예

05

분해하고 합치기

분해하기

문서를 통해 어떤 내용을 효과적으로 전달하기 위해서는 먼저 우리가 가진 생각을 분해하고 쪼개서 작은 구성요소들로 분리해야 한다. 생각을 분해하는 과정에서 한 가지 명심해야 할 것은 '당연한 것 또는 원래부터 그런 것'은 없다는 것이다. 어떤 것을 당연하다고 생각하는 순간 생각을 더 이상 쪼개기 힘들다. 조금만 더 깊게 고민해보면 분해할 만한 것들이 더 있음에도 '당연하다'고 생각하는 순간 쪼갤 것이 없어 보이기 때문이다.

'당연함'을 경계해야 하는 이유는 크게 두 가지다. 첫 번째는 근본적인 문제 해결 방법에 도달하지 못할 수 있기 때문이다. 근본적인 문제 해결에 도달하지 못하는 제품은 결국 소비자에게 외면받거나 일을 두세 번 하게 되는 비효율로 발전할 가능성이 매우 크다. 두 번째는 '당연함'은 내게만 해당하는 것이기 때문이다. 내가 작성한 문서를 봐야 하는 다른 사람의 입장에서 '당연하지 않아 보이는' 것들이 존재할 수 있다. 그리고 그런 것들이 눈에 보이기 시작하면 기획안에 의구심이 생기고, 기획자에 대한 신뢰도를 떨어뜨리는 요인으로 작용할 수 있다.

예시를 통해 분해하기를 좀 더 알아보자. 먼저 문제를 발견하기 위한 분해하기 과정을 살펴보자.

최근 회원의 이탈이 많아져 온보딩 프로세스를 개선하기 위한 프로젝트를 진행하기로 했다. 일반적으로 온보딩은 앱을 기준으로 사용자가 스토어에서 앱을 다운로드하고, 최초로 실행하고, 회원가입을 진행하고, 서비스 튜토리얼을 보고, 서비스를 실제로 사용해보면서 서비스를 파악하는 과정을 의미한다. 이러한 온보딩 과정을 나열함으로써 벌써 온보딩 프로세스를 5가지로 분해했다.

이제 한 단계 더 나아가보자. 일련의 데이터 분석을 통해 회원가입 단계에서 이탈이 가장 많이 발생한다는 사실을 파악하게 됐다. 그래서 회원가입 단계를 개선해보기로 했다. 회원가입의 경우 로그인 페이지에서 '회원가입 하기' 버튼을 누르면 회원가입 페이지로 이동을 시도한다.

그런데 회원가입 페이지는 바로 나오지 않는다. 사용자가 이용약관에 동의해야 하고, 본인 인증을 완료해야 한다. 드디어 도착한 회원가입 페이지는 다시 필수 입력 정보와 선택 정보 입력 영역으로 나뉜다. 여기서 다시 필수 입력 영역에서는 아이디, 비밀번호 입력, 비밀번호 확인을 진행하고 선택 입력 영역에서는 프로필 이미지, 계정 별칭, 성별, 나이 등을 입력한다. 분해하기는 이처럼 더 이상 쪼개지지 않을 때까지 구성요소를 분리하는 작업을 의미한다. 이렇게 구성요소를 모두 분리하고 보면 어떤 요인을 개선해야 할지 접근하기가 쉬워진다.

한편 문서를 쪼개 보는 작업도 진행해볼 수 있다. 문서를 쪼개 보는 과정은 기획안의 초안을 작성하거나 이를 다듬고 보완하는 과정에서 필요할 수 있다. 문서를 쪼개는 과정은 크게 두 가지로 구분할 수 있다. 먼저 문서의 구성요소 및 목차를 구성함으로써 읽는 사람이 쉽게 이해하도록 나누는 과정과 각 단락을 분해해서 문장으로 분리해 보는 과정이 있다.

구성요소 및 목차를 구성하는 과정은 앞서 구성요소 및 목차에서 설명했다. 여기서 생각해 볼 부분은 각 단락을 여러 문장으로 분리하는 부분이다. 문장으로 분리하는 것은 각 단락의 전체적인 내용을 파악하고, 빠뜨리는 내용 없이 문서를 구성하기 위해서다.

간혹 기획안을 작성하다 보면 현재 작성하고 있는 내용에 초점이 맞춰지곤 한다. 이처럼 기획안을 작성하는 시야가 좁아지면 앞뒤 내용을 고려하지 않은 채 문장을 끝맺게 된다.

우리가 기획안을 쓰기 시작할 때 특정 부분이 논리적이지 못하다고 느끼거나 어색함을 느끼는 등 글에서 부족함을 느껴 글 작성을 잠시 멈칫하는 순간들이 있다. 어떤 내용을 더 추가하면 좋을지, 내용을 어떻게 연결지을 수 있을지 고민하게 되는 것이다. 즉, 해당 단락을 어떻게 마무리할지, 다음 내용으로 어떻게 이어갈지 생각이 나지 않아 문서를 작성하다 말고 흐름을 끊고 쉬어가게 되는데, 글쓰기 흐름이 끊기면 같은 내용을 반복해서 표현하게 되거나 전혀 연관이 없는 내용을 쓰게 되는 일이 생긴다. 이는 결국 기획안에 대한 이해도를 떨어뜨려 설득력을 감소시키는 원인이 된다.

이러한 문제를 해결하려면 먼저 단락을 구성하는 문장들을 각각 개별적인 문장으로 분리한다. 그러고 나서 각 문장에서 사용된 재료를 뽑아낸다. 가령 "매출이 지속적으로 떨어지는 원인을 파악해봤습니다. 최근 경쟁사의 공격적인 마케팅에 비해 우리 서비스 마케팅은 큰 변화가 없었습니다. 이러한 이유로 회원가입 수가 감소했습니다. 이 문제의 해결 방안으로 마케팅에 비용을 좀 더 투입해야 할 것 같습니다. 또한 온보딩 프로세스를 개선하면 좋겠습니다."라는 단락이 있다고 해보자. 여기에는 총 5개의 문장이 있다. 각 문장의 주요 재료를 뽑아보면 '매출 감소 원인', '경쟁사의 공격적 마케팅', '회원가입 수 감소', '마케팅 비용 증대를 통한 해결', '온보딩 프로세스 개선'이 있다.

사실 지금도 꽤나 자연스러운 단락이라는 생각이 든다. 하지만 핵심 내용을 전달하기에는 조금 길다. 뒤에 나올 합치기 과정에서 다시 설명하겠지만 분해하기 과정은 문장을 좀 더 효과적으로 전달하고, 중복된 표현이나 어색한 표현을 없애기 위해 사용할 수 있는 재료를 나열하는 작업이다. 가령 방금 살펴본 단락에서 '온보딩 프로세스 개선'은 핵심 내용이 아니기 때문에 제거할 수 있는 표현이다.

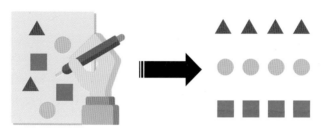

그림 2.16 분해하기를 통한 기획안 재료 준비

합치기

앞서 분해하는 작업을 거쳤다면 이제는 다시 합쳐야 한다. 다시 합칠 거면 굳이 어렵게 분해해야 할 필요가 있을까, 라는 생각이 들겠지만 사실 이렇게 다시 합치는 그루핑 과정이 굉장히 중요하다. 머릿속에서 떠오르는 것들을 무작정 나열하게 되며 분명 중복되거나 아예 말도 되지 않거나, 필요 없는 것들이 있기 때문이다. 이러한 문제를 제거하기 위해 분해하는 작업을 통해 하나하나 분리해 놓은 재료들을 그룹화해서 합치는 과정이 필요한 것이다.

합치기 과정은 여러 재료 중 중복되는 것들은 하나로 묶는 것으로 생각할 수 있다. 단순히 하나로 묶는 작업뿐만 아니라 합쳐보니 문장이 연결되지 않는다거나 필요 없어 보이는 것들을 제거하는 작업도 진행해야 한다. 이러한 합치기 과정을 통해 전달하고자 하는 내용을 빠트리는 일 없이 핵심적인 내용 위주로 정리할 수 있다.

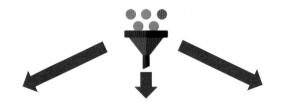

고객의 요구	현재 진행사항	추가 논의사항
로그인이 불편함	로그인 프로세스 변경	로그인 프로세스 변경에 따른 고객 공지
가격 할인	사이트 목차 수정	고객 인터뷰를 통한 추가 기능 문의
제품의 다양화	콘텐츠 확충	콘텐츠 주제
사이트 기능 개선	기능 개선	
콘텐츠 재미		
~~장바구니 기능 추가~~ 중복 제거		

그림 2.17 합치기(그루핑) 과정

앞서 "매출이 지속적으로 떨어지는 원인을 파악해봤습니다."로 시작해서 "또한 온보딩 프로세스를 개선하면 좋겠습니다."로 끝나는 단락을 문장으로 분리했다. 그리고 각 문장의 주요 재료를 뽑아 '매출 감소 원인', '경쟁사의 공격적 마케팅', '회원가입 수 감소', '마케팅 비용 증대를 통한 해결', '온보딩 프로세스 개선'으로 또다시 분리해봤다.

이제 이 재료를 다시 합치기 해보자. 먼저 '매출 감소 원인'은 '경쟁사의 공격적 마케팅'과 묶을 수 있다. 두 문장을 합치면 "최근 경쟁사의 공격적 마케팅으로 매출이 감소하고 있습니다."가 된다.

다음으로 "회원가입 수 감소"와 "마케팅 비용 증대를 통한 해결"을 묶을 수 있다. 두 문장을 합치면 "마케팅 비용 증대를 통해 회원가입 수 감소를 해결할 수 있습니다."가 된다. 마지막에 있는 "온보딩 프로세스 개선"은 묶어볼 수 있는 재료가 없으니 제거한다.

이제 앞서 합치기 한 두 문장을 살펴보자. 먼저 "경쟁사의 공격적 마케팅"과 "마케팅 비용 증대"는 비슷한 흐름으로 묶어볼 수 있다. 그리고 "매출 감소"와 "회원가입 수 감소"도 비슷한 흐름으로 묶어볼 수 있다. 각각 문제 상황과 해결방안, 원인과 결과로 볼 수 있기 때문이다. 이 문장을 합쳐보면 "경쟁사의 공격적 마케팅으로 회원가입 수가 감소해서 매출 감소로 이어졌지만 마케팅 비용을 증대함으로써 문제를 해결할 수 있습니다."와 같이 하나의 문장으로 정리할 수 있다. 이렇게 합치기를 통해 중복되거나 필요 없는 것들을 제거함으로써 다섯 문장으로 표현했던 내용을 논리적으로 구성된 한 문장으로 만들어낼 수 있다.

좋은 재료를 통해 맛있는 음식을 요리할 수 있듯이 문장을 분해하는 과정을 통해 좋은 재료를 선별하고 다시 합치는 요리 과정을 통해 좋은 문서를 만들어낼 수 있다. 이러한 과정이 번거롭다는 생각이 들 수 있다. 하지만 이러한 분해와 합치기 과정은 기획자에게 중요한 역량 중 하나인 논리적인 문서 만들기의 가장 기본적인 작업이다.

06

로직트리와 MECE

앞서 분해와 합치는 과정을 살펴봤다. 그리고 이러한 작업이 논리적인 문장을 만드는 가장 기본적인 작업인 것도 파악했다. 이렇게 분해하고 합치는 과정은 로직트리와 MECE로 설명된다.

MECE

먼저 MECE를 살펴보자. MECE는 로직트리를 효과적으로 사용하기 위해서 반드시 알아둬야 할 개념이다. MECE는 'Mutually Exclusive Collectively Exhaustive'의 약자로서 문자 그대로 각 항목들이 상호 배타적이면서도 동시에 각 항목들의 합이 완전히 전체를 이루는 것을 의미한다.

말이 조금 어려운데 쉽게 설명하면 중복을 제거하고, 중복을 제거하더라도 전체 구성에서 빠지는 부분이 존재하지 않도록 작성하는 방식을 말한다. 앞서 분해한 재료를 다시 하나로 합치는 그루핑 과정이 바로 문서를 MECE하게 만들기 위한 과정이라고 볼 수 있다.

MECE가 필요한 이유는 복잡하거나 지저분하게 문서를 작성하지 않고, 명료하게 문서를 정리할 수 있기 때문이다. 중복되는 내용은 문서를 읽는 주의력을 흐트러뜨리거나 지루하게 만든다. 빠지는 내용이 있으면 문서를 읽는 내내

의아함이 생긴다. 이를 해소하지 못하게 되면 문서에 대한 신뢰도와 설득력을 떨어뜨리는 요인이 된다.

MECE하게 항목을 구성하는 잘된 예와 잘못된 예를 간단하게 살펴보자. 먼저 잘된 예는 '가위바위보 게임은 가위, 바위, 보로 구성된다.', '계절은 봄, 여름, 가을, 겨울로 구성된다.'와 같은 것이다. 가위바위보 게임은 가위, 바위, 보로 구성된다. 각각은 상호 배타적으로 중복되는 내용이 없다. 그리고 각 항목을 모두 더하면 가위바위보 게임이라는 전체가 된다. 계절은 각각 봄, 여름, 가을, 겨울로 구성된다. 이 역시 각각은 중복되는 내용이 없지만 모두 더하면 계절이라는 전체로 볼 수 있다.

잘못된 예도 살펴보자. '옷은 티셔츠와 바지로 구성된다.', '물건을 구매하는 수단에는 현금, 지폐, 신용카드가 있다.'와 같은 것이다. 먼저 옷은 티셔츠와 바지로만 구성되지 않는다. 속옷도 있고 코트도 있고, 치마도 있다. 즉, 해당 예시에서는 누락된 항목이 많다. 두 번째 예시를 살펴보자. 물건을 구매하는 수단에서 현금과 지폐는 중복됐다. 지폐 또한 현금의 일종이기 때문이다. 이처럼 중복되거나 누락된 것들이 존재하게끔 작성한 것은 MECE하게 항목을 구성했다고 보기 어렵다.

앞서 설명했듯이 MECE하게 분류하는 것은 필요하다. 다만 MECE하게 나누는 기준을 명확하게 설정하기 위해 주의를 기울여야 한다. 가령, 계절에 맞는 옷 상품을 분류하는 과정에서 각 상품을 구매 지불 방법에 따라 나눈다면 의미 있게 나눴다고 보기 어렵다. 이런 경우에는 계절로 분류하고, 각 계절에 적합한 옷으로 세분화해서 항목을 구성해야 한다. 이를테면 여름이라는 계절 항목에는 반팔, 반바지 등으로 구성해야 한다.

로직트리

로직트리는 나무에 가지가 뻗쳐있는 모습에서 착안한 방법으로, 문제에 대해 논리적 연관성을 토대로 분류하는 방법을 말한다. 기획자에게 로직트리가 필요한 이유는 기획자가 하고자 하는 일들은 결국 고객들이 가지고 있을 문제를 발견하고 이를 해결하기 위한 솔루션을 만드는 일이며, 솔루션을 만들기 위해서는 내외부 이해관계자를 끊임없이 설득해야 하기 때문이다.

서비스 기획자가 구성원들을 설득하는 과정에서는 반드시 근거가 있어야 하고 논리적이어야 한다. 근거와 논리를 포함해서 설득할 수 있게 해주는 방식이 바로 로직트리를 기반으로 문제 해결을 시도하는 것이다.

로직트리는 무엇이 문제인지를 파악하고 문제 발생의 근본적인 이유를 찾아냄으로써 명확한 근거를 발굴해낼 수 있다. 그리고 이를 토대로 구체적인 해결 방법을 제시함으로써 문제 해결에 대한 일련의 논리성을 확보할 수 있다.

앞서 MECE를 로직트리를 효과적으로 사용하기 위해 반드시 알아둬야 할 개념이라고 설명했다. 로직트리는 나무의 각 가지에 해당하는 항목들을 채워 넣으면서 작성하게 된다. 이때 각 가지에 해당하는 항목들을 채워넣으려면 미리 분해해 둔 재료가 필요하다. 그리고 이렇게 분해해 둔 재료가 MECE해야 로직트리가 견고해지기 때문에 MECE를 반드시 알아둬야 하는 것이다.

로직트리의 유형으로는 What, Why, How의 3가지가 있다. 근본적인 원인을 찾을 때까지 각 유형에 해당하는 질문을 끊임없이 던져봄으로써 문제를 해결하는 것이다.

What Tree: 구성요소 분석

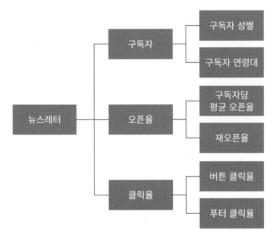

그림 2.18 What Tree 예시

무엇을 해야 할지 선정해야 할 때 What Tree를 통해 해야 할 일을 찾아낼 수 있다. What Tree는 어떤 문제가 복잡하게 구성돼 있을 때 이를 분해해서 구성요소를 나열하고, 해결해야 할 문제 또는 과제를 찾아내는 방법이다.

What Tree를 만드는 방법은 'What'이라는 질문을 통해 문제를 구성하는 요소들이 무엇인지를 나열하고, 나열된 각 구성요소를 이루는 세부 구성요소를 찾아내서 다시 나열하는 과정을 반복해서 문제의 구성요소를 큰 개념부터 작은 개념으로 구조화하는 것이다. 이 과정에서 구성요소가 중복되거나 유사한 것들이 있을 수 있다. 그럴 때는 그룹으로 묶거나 좀 더 큰 개념의 구성요소만 남겨놓고 하위 개념에 해당하는 것은 제거해서 정리해야 한다. 그렇게 나열된 문제의 구성요소 중 해결해야 할 문제나 과제를 선정한다.

Why Tree: 원인 분석

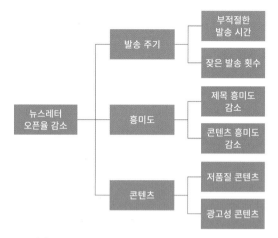

그림 2.19 Why Tree 예시

어떤 문제의 원인을 분석하고 싶을 때 Why를 끊임없이 던져보는 로직 트리를 통해 근본 원인을 찾을 수 있다. 일반적으로 어떤 문제를 인지했을 때 문제를 해결하는 방법에는 여러 가지가 있을 수 있다. 이때 바로 생각나는 문제의 원인, 단편적으로 보이는 문제의 원인을 토대로 해결 방법을 구현하는 것은 일시적인 방편일 뿐이다.

이렇게 도출한 문제 해결 방법은 문제를 궁극적으로 해결할 수 없기 때문에 효과가 크지 않고, 효력을 금방 상실하게 된다. 비즈니스 관점에서도 궁극적인 문제를 해결하는 방안이 아니기 때문에 효과(또는 임팩트)가 약하고, 경쟁우위를 갖기 어렵다. 한편 근본 원인을 해결하는 방법은 생각보다 간단할 수 있고, 해결하는 데 많은 리소스를 투입하지 않아도 큰 효과를 가져올 수 있는 경우도 있다. 이러한 이유로 기획자는 Why Tree를 만들어보면서 문제의 근본적인 원인을 찾을 필요가 있다.

Why Tree를 만드는 방법은 'Why'라는 질문을 통해 문제가 발생할 수 있는 원인을 나열하고, 나열된 각 문제의 원인을 발생시키는 세부 원인을 찾아내서 다시 나열하는 과정을 반복함으로써 문제의 원인을 구조화해보는 것이다.

이 같은 방법으로 더는 문제의 원인을 찾아낼 수 없을 때까지 구조화하는 작업을 수행한다. 마지막까지 고민해서 나온 문제의 원인이 정말 근본 원인일지 고민이 되더라도, 더는 생각나지 않는다면 진행하지 않아도 괜찮다.

문제의 원인 또한 나열하다 보면 중복되거나 유사한 원인이 있을 수 있다. 구성요소 분석과 마찬가지로 그럴 때는 그룹으로 묶거나 좀 더 근본 원인으로 볼 수 있는 것을 남겨놓고 제거함으로써 정리해야 한다. 그렇게 나열된 문제 원인 중에서 문제를 가장 효과적이고 효율적으로 해결할 수 있을 만한 근본 원인을 선택해서 해결 방법을 구상하는 작업을 진행할 수 있다.

How Tree: 해결 방법 구상

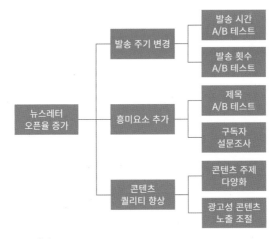

그림 2.20 How Tree 예시

문제의 해결 방법을 구상해야 할 때 How Tree를 그려볼 수 있다. How Tree 는 해결 방법을 어떻게 구현할 수 있을지 구상하는 방법이다. 하나의 문제를 해결하는 방법은 여러 가지가 있을 수 있다. 생각을 바꾸는 캠페인이 될 수도 있고, 하나의 제품이나 서비스로 해결 가능할 수도 있다.

How Tree를 만드는 방법은 'How'라는 질문을 통해 문제를 해결할 수 있는 방법을 나열하고, 나열된 각 해결 방법을 수행할 수 있는 방법들을 다시 나열 하는 과정을 반복함으로써 해결 방법을 구조화하는 것이다.

구조화를 계속해나가면서 가장 기초적인 작업 수행 방법이 나올 때까지 구조 화 작업을 진행한다. 해결 방법 또한 나열하다 보면 중복되거나 유사한 해결 방법이 있을 수 있다. 앞의 유형과 마찬가지로 중복되거나 유사한 문제 해결 방법을 그룹으로 묶거나 제거하는 작업을 진행한다. 그렇게 나열된 문제 해결 방법 중 현재 가지고 있는 자원을 토대로 수행 가능한 해결 방법을 선택해서 무엇을 만들어내야 하는지를 구상할 수 있다.

핵심을 전달하는 원페이지 기획안

혹시 보고서나 기획안을 작성해서 보고하고 공유했을 때 직접적이든 간접적이든 "시간도 없어 죽겠는데, 무슨 내용이 이렇게 많아?", "그래서 핵심이 뭐야?" 같은 이야기를 들은 경험이 있는가? 만약 "그럼 도대체 어떻게 하라는 거야?"라는 생각이 들었다면 그것은 바로 원페이지 기획안(또는 보고서)를 달라는 의미일 것이다.

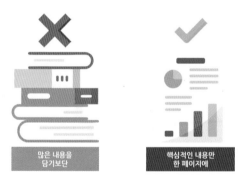

그림 2.21 원페이지 기획안

원페이지 기획안은 명칭에서도 바로 파악할 수 있다시피 보고하거나 기획한 내용을 한 페이지에 압축해서 담아 넣은 문서를 말한다. 내용 전체를 압축해서 넣었다는 말은 일단 전체를 구성하는 모든 내용이 다 들어가 있어야 한다는 의미다. 단 실제 문서의 양이 꼭 한 장으로만 구성될 필요는 없다. 원페이지의 형식을 의미한다고 보는 것이 더 맞겠다.

원페이지 기획안을 기획안의 전체적인 내용을 간략하게 정리한 요약이나 글의 전체적인 윤곽을 잡아 놓은 개요라고 생각할 수도 있다. 하지만 엄밀하게 말하면 요약이나 개요와는 다르다. 이렇게 압축해서 한 페이지로 구성하는 것은 몹시 어려운 일이다.

사실 우리는 생각보다 글을 쓰는 일을 꽤 잘한다. 시간이 충분하고, 지면이나 글자 수에 제한이 없는 상황에서 내가 작성한 글을 읽어줄 누군가의 시간과 인내력이 충분하다면 원페이지 보고서는 필요하지 않다. 좀 더 극단적으로 이야기하자면 어떻게 하면 나의 생각을 효과적으로 전달할 수 있을까에 대한 고민조차 필요하지 않을 수 있다.

하지만 늘 업무는 많고 시간이 부족하다. 우리는 하루에도 수없이 많은 정보를 획득하고, 고민하고, 처리한다. 나뿐만 아니라 다른 사람들도 똑같다. 당면 업무를 수행하기도 바쁘기 때문에 타인이 수행한 업무를 보고받거나 정리되지 않은 문서를 해석하고 분석하기는 더더욱 어렵다. 그러한 상황에서 '나에게는 중요한' 어떤 일들이 '남에게는 중요하지 않은' 일이 되는 때도 많다.

이러한 상황에서 긴 글로 표현한 내 생각이 남의 시간을 축내고 집중력을 흐트리면 그들은 점차 내 생각에 부정적인 의견을 갖게 된다. 이뿐만 아니라 글을 읽다 보면 점점 핵심을 놓치게 되고, 핵심을 놓치다 보면 의사결정이 원활하게 이뤄지지 않는다. 그렇게 되면 결국 내게 중요한 일이 바로바로 처리되지 않기 때문에 내 업무에 병목 현상이 발생하게 될 수도 있다.

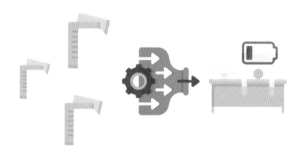

그림 2.22 길고 장황한 글의 문제점

원페이지 기획안은 단시간에 명확하고 효과적으로 내 생각을 전달할 수 있다는 장점이 있다. 원페이지 기획안을 받아보는 사람은 빠르고 집중력 있게 핵심 내용을 파악해서 의사결정을 내릴 수 있다. 하루에도 수많은 보고를 받게 되는 바쁜 상급자들과 내 글을 읽고 업무를 수행해야 하는 협업자의 시간을 절약하며, 핵심 내용을 빠르고 명확하게 전달할 수 있다.

더욱 놀라운 건 한 장짜리 문서로 작성한 일감은 빠르게 처리할 수 있는 일감으로 생각되기 때문에 그들에게 덜 중요한 일이더라도 빨리 처리하고 싶은 욕구를 불러일으켜 일이 바로바로 처리되곤 한다는 것이다.

반면 원 페이지 기획안의 단점은 숙련되기까지 어느 정도의 시간이 필요하고, 숙련되지 않은 상태에서 작성한 보고서에서는 자칫 중요하거나 핵심적인 내용이 빠져버릴 수도 있다는 점이다. 더불어 숙련되지 않은 상태에서 작성하려고 하면 길게 작성했을 때보다 더욱 많은 시간을 소요하게 되는 경우도 있다.

다만 압축하기 위해 시간이 오래 걸리는 만큼 그 업무에 관해서는 더욱 전문가가 되어가고, 숙련되고 나면 어떤 업무를 수행하더라도 핵심을 빠르게 파악할 수 있게 된다. 또한 많이 고민하고 훈련한 만큼 다른 사람의 보고서나 기획안을 읽고 핵심과 중요 내용을 파악하는 스킬이 향상된다. 숙련만 된다면 단점은 얼마든지 극복 가능한 영역이다.

원 페이지 보고서의 핵심은 길고 장황하게 설명하는 대신 핵심적인 내용만 뽑아 보기 쉽게 깔끔하게 정리하는 것이다. 빠르게 핵심적인 내용을 파악해서 의사결정을 내리게 하려면 어떤 내용을 넣는 것이 좋을지 목차를 구성해서 정리하는 것이 좋다. 또한 빠르게 읽고 핵심을 파악하기 쉽도록 개조식으로 작성하고, 의문형 표현이나 중복된 표현은 제거하는 것이 바람직하다.

혹시 하루를 꼬박 걸려 작성한 보고서가 기존 보고서의 양과 달라 업무의 양이 적어 보이는 것은 아닐까 걱정된다면, 그런 걱정은 하지 않아도 괜찮다. 업무의 질이 아니라 업무의 양으로 업무를 평가하는 사람이 있다면 그냥 그 사람이 일을 못하는 거라고 생각해도 괜찮다.

3장

소통을
원활하게
하기 위한
글쓰기

앞에서 설명한 것처럼 서비스 기획자는 함께 일하는 구성원과 대화를 나눌 일이 많다. 대화라고 표현하다 보니 문서를 잘 써야 한다고 생각하기보다는 '말을 잘하는 것이 중요하지 않을까?'라고 생각할 수도 있다.

물론 '말을 잘 하는 것'도 원활한 소통을 위해 필요한 역량이라는 데는 의심할 여지가 없다. 하지만 서비스 기획자가 구성원들과 대화를 나눌 때의 주제는 대부분 '어떻게 하면 좋은 제품을 만들 수 있을까'다. 제품을 어떻게 만들 수 있을지에 대한 내용은 기획안이라는 문서로 작성된다. 서비스 기획자가 구성원들과 대화를 나누는 기반에는 서비스 기획자가 작성한 문서, 즉 기획안이 있고, 기획안을 토대로 논의가 이뤄지기 때문에 '말을 잘하는 것'보다 '소통을 원활하게 하기 위한 문서'를 작성하는 것이 서비스 기획자에게 더 중요할 수 있다.

한편 서비스 기획자가 기획안을 가지고 구성원들과 대화를 나눌 때 그 기획안이 새로운 제품이나 새로운 기능에 대한 기획이라면 구성원들은 해당 내용을 거의 처음 보는 것이다. 물론 새로운 제품이나 서비스의 이해도를 높이기 위해 사전에 읽고 회의에 참석해달라고 하겠지만 사실 다들 바쁘고 정신이 없다 보니 기획안을 읽고 오지 않는 경우가 많다.

기획안에 대한 이해도가 부족하거나 서비스 기획자의 의도를 충분히 파악하지 못했다고 생각되어 답답해하는 경우가 있다. 구성원들이 비협조적이라고 생각하고 불평불만을 늘어놓게 될 수도 있다. 내가 그랬다. 나 역시 처음 기획안이라는 것을 작성해서 리뷰 회의를 진행할 때 '왜 개발자나 디자이너는 기획안에서 문제가 될 수 있는 부분만 집어서 군이 문제를 만드는지' 이해할 수 없었고, 불평불만을 가졌었다. 요구사항 정의, 기능 정의부터 시작해서 화면 설계서에 이르기까지 상당한 리소스를 투입해서 기획안을 만들었기에 내가 느끼는 불편함 또한 매우 컸다.

하지만 돌이켜보니 구성원들의 비협조적인 태도나 그들이 콕 집어서 만들어 내는 문제가 매우 중요하고 소중하다는 것을 깨닫게 됐다. 미처 고려하지 못 했던 부분들을 개선함으로써 제품을 올바르게 만들 수 있게 해주기 때문이다. 서비스 기획자는 처음부터 완벽하게 문서를 만들기 어렵다. 더욱이 기획안을 작성하고, 반복적으로 내용을 읽다 보면 시야가 좁아져서 미리 예상하지 못하고 빠트리는 부분이 생길 수밖에 없다. 이렇게 놓치는 부분들을 구성원들이 잡아주기 때문에 서비그 기획자가 여러 상황과 케이스를 정의하고, 어떻게 처리해야 하는지를 정리할 수 있게 되는 것이다.

다만 문제는 이러한 경우가 자주 발생할 때 나타난다. 놓치는 부분이 자주 발생한다면 구성원들의 신뢰를 잃게 될 수 있다. 그래서 문제가 자주 발생하면 '소통'이 어려워진다. 처음에는 서비스 기획자가 경험이 부족할 수 있다고 생각하거나 서비스에 대해 잘 모른다고 생각할 수 있다. 하지만 문제가 자주 발생하면 '왜 자꾸 불필요한 일을 만들어내는 걸까?', '왜 서비스 기획자는 충분히 고민해보지 않는 걸까?'와 같은 생각으로 이어져 서비스 기획자에 대해 신뢰도가 떨어진다.

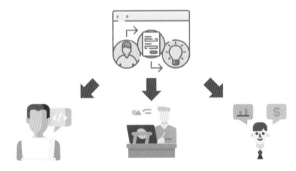

그림 3.1 서비스 기획과 이해관계자

제품 및 서비스는 서비스 기획자가 홀로 만들어낼 수 없다. 그렇기 때문에 개발자나 디자이너 같은 구성원들이 제품을 잘 만들어낼 수 있도록 근간을 잘 만들어야 하는 만큼 '소통을 원활하게 할 수 있는 문서'를 만드는 것이 중요하다.

개념적이고 추상적인 서비스 기획자의 생각을 개발자나 디자이너가 실제 제품이나 서비스로 구현할 수 있으려면 서비스 기획자가 작성하는 문서는 구체적이고 명확해야 한다. 그리고 서비스 기획자가 작성한 문서에 포함되는 요구사항들은 개발자나 디자이너의 업무가 된다. 그래서 때로는 서비스 기획자보다 개발자와 디자이너가 문서를 더 많이 보기도 한다. 그렇기 때문에 가급적이면 서비스 기획자는 그들이 작성하는 문서에 개발자나 디자이너의 관점과 요구사항을 최대한 충족할 수 있어야 한다. 이러한 이유로 정해진 양식에 무조건 맞추기보다는 양식을 토대로 개발자나 디자이너와의 논의를 통해 사내 양식 및 프로세스를 정립하는 것이 좋다.

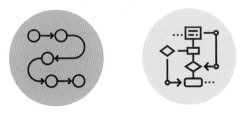

그림 3.2 이해관계자와 충분한 논의를 거쳐 프로세스를 정하자.

01

미션과 비전 정의:
우리 회사는 무엇을 하기 위한 조직인가?

본격적으로 기획안을 작성해보려고 하는데, 아이디어를 한두 줄로 메모해 뒀던 것들을 하나의 문서로 정리해보려고 하니 갑자기 막막해지기만 한다. 무엇부터 작성해야 할까? 어떻게 작성해야 할까? 사업 기획을 위해 기획안을 작성해보기 위해 컴퓨터 앞에 앉긴 했지만 창의적인 아이디어나 새로운 것을 만든다는 설렘보다는 막막함이 가득할 것이다.

메모로 적어놓은 것들을 토대로 남들이 이해할 수 있게 적어 보려고 하니 머리가 깜깜해지고, 기껏 몇 자 적은 내용도 다시 읽어보면 뜬구름 잡는 이야기 같고 이게 맞는지도 잘 모르겠다. 회사의 주요 사업이나 방향을 결정하고, 사업을 만들어 가야 한다는 생각에 중압감이 느껴진다. 이럴 때는 우리 조직, 회사가 어떤 미션과 비전을 달성하기 위해 존재하는지 생각해보고, 그 미션과 비전을 달성하기 위해 무슨 사업을 하고자 하는 것인지를 정의해 보는 것이 좋다.

미션			경영목표		
비전			경영전략		
목표	목표	목표	사업전략	사업전략	사업전략
전략 전략	전략 전략	전략 전략	마케팅 브랜딩	마케팅 브랜딩	마케팅 브랜딩

그림 3.3 미션과 비전, 경영 목표와 경영 전략은 서로 밀접한 관련이 있다.

미션이란 기업이 존재하는 이유나 목적을 말한다. 기업이 존재해야 하는 이유나 목적이 무엇이고, 이루고자 하는 바는 무엇인지, 어떤 문제를 해결하고 싶은지, 즉 기업의 탄생 이유다. 기업의 미션을 잘 설정하고, 사익을 넘어 공익성을 추구한다면 조직 구성원의 자부심, 충성심, 몰입도를 높일 수 있는 효과를 가져올 수 있다.

한편 기업의 미션은 사업 전략이나 방향에 따라 뒤죽박죽 바뀌는 것이 아니라 조직의 정체성이자 근본에 해당하는 부분이기 때문에 불변해야 하며 항상 유지돼야 한다. 기업이 영위하는 모든 사업의 전략이나 방향이 기업의 미션에 따라 설정돼야 한다.

미션을 작성할 때는 포괄적이면서도 명확하게 내용을 담아야 한다. 기업이 존재하는 목적이기 때문에 제품 및 서비스가 새로 만들어지거나 바뀌거나 확장될 때는 기업이 설정한 미션을 달성할 수 있는 방향으로 추구할 수 있게 해야 한다. 세계적으로 유명한 기업의 미션을 살펴보자.

삼성전자: 인간의 삶을 풍요롭게 하고, 사회적 책임을 다하는 지속 가능한 미래에 공헌하는 혁신적 기술, 제품 그리고 디자인을 통해 미래 사회에 대한 영감 고취

애플: 사람들에게 힘이 되는 인간적인 도구들을 제공함으로써 우리가 일하고, 배우고, 소통하는 방식을 바꾼다.
(Providing human tools, dedicated to the empowerment of man, helping change the way we work, learn and communicate)

airbnb: 언젠가 집이 아닌 어디에서도, 당신이 속한 곳이라면 진정한 집처럼 느낄 수 있는 세상에서 살기
(To live in the world where one day you can feel like you're home anywhere & not in a home, but truly home, where you belong)

구글: 세상의 모든 정보를 쉽게 접근하고 사용할 수 있도록 하는 것
(To organize the world's information and make it universally accessible and useful)

그림 3.4 글로벌 기업의 미션 예시

비전이란 미래에 우리 기업이 도달하게 될 목표 또는 기업이 되고자 하는 모습을 말한다. 앞서 설명한 미션이 기업의 존재 이유라면 비전은 그 미션을 달성함으로써 바뀌게 될 우리 사회의 모습과 그 사회를 만들어가는 기업의 모습

을 정의하는 것이라고 보면 된다. 비전은 미션과는 다르게 변화할 수 있다. 다만 너무 짧은 주기로 변하기보다는 중장기적인 관점을 가지는 것이 좋다. 그리고 앞서 말한 기업의 미션을 성취하기 위한 지향점으로 설정해야 한다.

삼성전자: 인재와 기술을 바탕으로 최고의 제품과 서비스를 창출하여 인류사회에 공헌하는 것, 삼성전자가 추구하는 궁극적인 목표입니다.

애플: 사람이 세상을 변화시키는 주체가 되어야 한다. 기계나 시스템에 종속되어서는 안 된다.
(Man is the creator of change in this world. And should not be subordinate to machines or systems)

airbnb: 어느 곳이든 소속될 수 있는 세상을 만들자
(Belong Anywhere)

구글: 단 한 번의 클릭으로 전 세계의 모든 정보에 접근
(To provide access to the world's information in one click)

그림 3.5 글로벌 기업의 비전 예시

그렇다면 미션과 비전은 왜 존재해야 하는 것인지에 대해 의문이 생긴다. 간단히 말하면 미션과 비전은 기업의 서비스에 영향을 끼치고, 경영전략을 수립하는 데 있어서 방향성을 제공하기 때문에 존재한다.

앞서 구글의 미션은 "세상의 모든 정보를 쉽게 접근하고 사용할 수 있도록 하는 것"이었다. 이를 토대로 구글의 서비스가 만들어지고 전략이 수립되는 과정을 예시로 보면 다음과 같다.

1. **기업의 미션 설정**: 세상의 모든 정보를 쉽게 접근하고 사용할 수 있도록 하는 것
2. **기업의 비전 설정**: 단 한 번의 클릭으로 전 세계의 모든 정보에 접근
3. **미션과 비전을 토대로 한 서비스 설정**: "검색 서비스를 만들어 정보에 접근할 수 있게 하자"
4. **기업의 목표 설정**: "2021년까지 전 세계의 50% 인구가 구글 검색 서비스를 이용해 정보를 검색할 수 있게 만들자"
5. **경영 전략 및 사업 전략 수립**: "웹/앱 서비스를 개발해서 사용자의 접근을 용이하게 만들어 목표를 달성할 수 있게 하자"

그림 3.6 미션과 비전을 토대로 한 전략 수립 예시

위의 예시는 미션과 비전 수립부터 경영 전략 및 사업 전략을 수립하는 과정을 간단하게 묘사한 예시다. 회사의 큰 틀이 위와 같이 정해졌다면 이제는 내부 구성원과 서비스를 만들어가는 과정이 남았다.

서비스는 회사의 미션과 비전에 부합하는 방향으로 기획하고 개발해야 한다. 그렇지 않다면 미션과 비전은 필요가 없는 것이고, 과장하자면 회사의 존재 이유도 필요없어진다. "자동차에서 삶의 동반자로"라는 비전을 가진 현대자동차가 갑자기 외식산업을 해보자며 온 리소스를 외식산업에 쏟는다면 과연 우리는 현대자동차를 현대'자동차'라고 부를 수 있을까? 더욱이 서비스가 곧 회사 자체이기도 한 스타트업의 경우에는 이러한 맥락에서 더욱더 미션과 비전이 중요하다.

이를 위해서는 서비스를 기획하는 단계에서 해결하고자 하는 문제를 명확하게 설정하고, 이를 해결하기 위한 아이디어를 도출하는 과정에서부터 이러한 요인을 철저하게 고민해야 한다. 서비스의 성격, 구현하고자 하는 기능을 설계할 때도 늘 다음 질문들을 끊임없이 던져야 한다.

- 우리는 어떤 문제를 해결하고 싶은가?
- 문제를 해결하기 위해서 어떤 방법들을 사용할 수 있을까?
- 이 문제는 정말 해결할 만한 가치가 있는 문제일까?

사람들이 우리의 문제 의식에 공감하고, 해결해야 할 필요성을 느끼며 우리의 미션과 비전에 공감한다면 절반은 성공이다. 시장이 필요로 하는 서비스를 찾아낸 것이다. 이제 이 문제를 효과적으로 해결하기 위한 기능을 구현하면 된다.

기업의 미션과 비전은 조직 구성원 간의 상호 이해, 그리고 경영진의 세심한 고려 끝에 탄생하는 만큼 기업의 전략과 목표의 최상위 계층에 존재한다. 즉,

기업의 모든 사업 전략과 목표는 그 기업이 설정한 미션과 비전에 부합하는 방향으로 수립된다.

비단 서비스와 사업전략뿐만 아니라 미션과 비전을 토대로 마케팅 및 브랜딩 전략이 수립되고, 서비스를 개발할 때도 미션과 비전에 부합하는 방향으로 진행된다. 이러한 이유로 사업 기획을 진행하라는 임무를 부여받았다면 당장 기획안의 세부 내용들을 작성하기보다는 회사의 미션과 비전을 곰곰이 되짚어볼 필요가 있다.

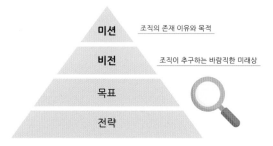

그림 3.7 미션과 비전의 중요성

02

문제 정의:
어떤 문제를 해결하고 싶은가?

우리가 사용하는 재화와 서비스는 모두 문제를 해결하기 위해 생겨난 것이다. 만약 어떤 문제를 해결하고 싶은지, 어떤 문제를 해결할 수 있는지를 명확하게 정의하지 않았다면 아무도 사용하지 않는 제품이 되고 만다. 그래서 문제를 정의하는 부분은 상당히 중요하다. 제품 및 서비스를 만드는 서비스 기획자는 어떤 것을 만들지 고민하기에 앞서 문제를 파악하고, 분석하는 데 집착해야 한다.

물론 최초에 의도하지 않았던 방향의 해결책이 되거나 사용자가 다른 방향으로 제품을 사용하는 방법을 찾아내기도 한다. 가령 가방의 본질은 물건을 담는 것이다. 하지만 명품 가방은 물건을 담는다는 본질적인 용도 외에 심리적인 만족감을 제공하는 수단이기도 하다. 즉, 명품 가방은 물건을 담기 위한 용도라기보다는 심리적인 만족감을 제공하는 데 초점이 맞춰지는데, 이처럼 본질에서 벗어난 용도의 제품이 큰 인기를 끌기도 한다. 물론 기획자로써 그런 운을 바라거나 예측할 수는 없다. 우리는 철저하게 해결할 문제를 찾아내고, 그것을 해결할 수 있는 솔루션을 기획해야 한다.

우리는 '필요함'이라는 욕구를 충족하고 싶어한다. 그리고 '필요함'을 충족시키지 못하는 상황이 발생할 때 우리는 '문제'가 생겼다고 말한다. 그래서 '문제'를 해결한다는 것은 '필요함'이라는 욕구를 충족시킬 수 있도록 이를 방해하는 어려움을 해결하고 '필요함'을 만족시키는 것을 의미한다. 예를 들면, 손으로는 너무 뜨겁거나 차가운 것은 잡기 어렵다는 문제라든가 도구 없이는 물을 담아 놓을 수 없다는 문제와 같은 것이다. 이를 해결하는 방법으로 컵과 같은 것이 나온 것이다.

문제 발생	문제 인식	해결방안 구상	해결방안 구현	문제 해결
뜨거운 음료를 마시고 싶다	기존의 컵으로는 너무 뜨거워서 잡을 수가 없네…	뜨거운 물체를 직접 만지지 않는 컵을 만들어야겠다!	컵에 손잡이를 만들어 보자!	손잡이가 달린 컵이면 뜨거운 음료가 손에 닿지 않아도 마실 수가 있네!

그림 3.8 문제 해결 과정의 예

'나'를 기준으로 문제를 발굴하기

문제를 발굴하는 방법은 크게 2가지가 있다. 첫 번째는 '내가 겪고 있는 문제'로부터 발굴하는 방법과 두 번째는 내가 겪고 있는 문제가 아니더라도 '사회적으로 나타나 있는 문제'로부터 발굴하는 방법이다.

나로부터 문제 발굴   사회로부터 문제 발굴

그림 3.9 문제를 발굴하는 두 가지 방법

전자의 방법은 내가 가장 잘 알고 있는 문제이기 때문에 사용자의 니즈에 가장 적합한 솔루션을 찾아낼 수 있다는 장점이 있다. 반면 후자의 방법은 사회적 문제이거나 또는 불편을 표현하는 다양한 채널을 통해 여러 사람이 공통적으로 겪고 있는 문제점을 파악함으로써 사업성을 가진 문제점을 파악하기 쉽다는 장점이 있다.

다만 전자의 방법은 문제를 겪는 사람이 다수가 아닐 경우 사업성이 떨어진다는 단점이 있으며, 후자의 경우 내가 문제를 겪는 당사자가 아니기 때문에 사용자의 니즈를 파악하는 데 시간이 소요되고, 이에 따라 적합한 솔루션을 만들어내는 데 시간과 노력이 필요하다는 단점이 있다.

> 1. **문제 발생:** 오늘 아침에 비가 오는 지를 확인하지 못했더니 옷이 더러워져버렸네...
> 2. **문제 인식:** 옷이 더러워지지 않으려면 옷을 고르는 순간에 비가 오는지 오지 않는지 알아야겠네!
> 3. **해결방안 구상:** 옷 고르는 순간에 그 날 하루 날씨를 알려주는 서비스를 만들면 어떨까?
> 4. **해결방안 구현:** 간단한 동작으로 당일 기상을 조회할 수 있도록 앱이나 위젯을 구현해보자.
> 5. **문제 해결:** 기상을 조회한 후 옷을 고르니 옷이 더러워지는 일이 없어졌어!

그림 3.10 나로부터 문세를 발굴하는 방법의 예

> 1. **문제 발생:** 길거리에 담배꽁초를 너무 많이 버려서 거리가 너무 더러워지고 있네...
> 2. **문제 인식:** 담배꽁초를 아무데나 버리는 이유가 뭘까? 흡연 부스나 쓰레기통이 부족한 것 같은데?
> 3. **해결방안 구상:** 가까운 곳에 위치한 흡연 부스를 알려주는 서비스를 만들면 어떨까?
> 4. **해결방안 구현:** 간단한 동작으로 내 근처에 위치한 흡연부스를 알려주는 앱이나 위젯을 구현해보자!
> 5. **문제 해결:** 흡연 부스를 찾아서 이용하는 사람들이 늘고, 거리에 담배꽁초를 버리는 비율이 줄어들었어!

그림 3.11 사회로부터 문제를 발굴하는 방법의 예

2가지 방법 중 어느 것이 좋고 나쁜지는 이야기하기 어렵다. 문제를 성공적으로 분석해야만 솔루션이 성공하는 것은 아니기 때문이다. 모든 제품이나 프로젝트는 시기와 상황에 따라 같은 방법으로 똑같은 인원과 기간, 비용을 투자해서 만들었더라도 다른 결과가 나올 수 있다.

문제를 분석하는 것이 중요한 이유는 문제를 정확하게 분석하고 정의해야 솔루션을 만들어가는 과정에서 다른 길로 새어버리는 경우를 방지할 수 있고, 해당 문제를 해결해야 미션하에 팀의 결속력을 다지는 방법이 될 수 있기 때문이다.

또한 그렇게 만들어서 세상에 제품을 내어놓았을 때 소비자에게 가장 먼저, 가장 핵심적으로 어필할 수 있기도 하다. 즉, 문제를 발굴하고 정의하는 것은 기획의 시발점이자 과정이 될 수 있으며, 결과물이 나와서 세상에 소개할 때까지도 중요한 포인트인 것이다.

외부에서 문제를 찾아내기

앞서 문제 발굴하기는 '나'를 기준으로 내외부에서 해결해야 할 문제를 도출하는 역할을 한다. 반면 외부에서 문제를 찾아내는 방법도 있다. 바로 인터뷰를 진행하는 것이다.

실제로 서비스를 기획하거나 제품을 만들어내는 과정에서 고객의 문제를 파악하고 해결하는 것이 중요하며, 고객의 관점에서 서비스에 접근해야 한다는 이야기를 많이 듣게 된다. 이처럼 고객의 문제를 찾거나 고객으로부터 서비스의 방향성을 파악하고 개선점을 찾아내기 위해 인터뷰를 진행할 수 있다.

인터뷰 준비하기

인터뷰를 진행한다고 하면 인터뷰이를 어떻게 구해야 할지, 질문은 어떻게 해야 할지, 인사이트는 어떻게 도출할 수 있을지 고민이 되기도 하고, 인터뷰어로서도 부담이 되기도 한다. 또한 무작정 인터뷰를 진행하기에는 비용과 예산의 문제도 발생하고, 충분히 준비하지 않은 상태라면 좋은 결과를 가져오지 못하는 경우가 발생한다. 그래서 먼저 인터뷰를 준비하는 단계가 필요하다.

1. 인터뷰 대상 정의

먼저 어떤 대상을 인터뷰할지 정의해야 한다. 대부분 인터뷰의 경우 특정 관심 분야나 라이프스타일을 명시하고 불특정 다수로부터 모집하는 경우가 많다. 또는 주변의 지인부터 시작해서 알음알음 확장해나가는 경우가 많다.

물론 다양한 사람들 또는 관심이 있는 사람들에 대한 인터뷰를 진행하는 것도 나쁘지 않다. 다만 이들에게서 얻을 수 있는 정보는 사실 인터뷰어가 알고 있는 사실을 재확인하는 정도로 그치게 되는 경우가 많다.

만약 문제를 찾기 위한 인터뷰라면 오히려 우리의 서비스와 상관이 없을 것 같은 사람들과 인터뷰를 신행하는 편이 새로운 인사이트를 발견할 가능성이 높기도 하다. 또는 우리의 서비스를 이용하는 고객 중 소수에 해당하는 사람들을 대상으로 진행하는 것도 나쁘지 않다.

이럴 때는 다수에 해당하는 사람들의 니즈를 찾아야 한다고 생각할 수 있다. 하지만 오히려 이렇게 소수, 즉 다수와는 다르게 생각하거나 극단적으로 제품을 사용하는 사람들을 대상으로 인터뷰를 진행하면 기존에 생각하지 못했던 인사이트를 발견하거나 문제 해결의 실마리를 찾는 계기가 될 수 있다.

2. 인터뷰 인원 선정

인터뷰는 설문조사와 달리 시간과 공간의 제약이 있기 때문에 많은 사람들을 대상으로 진행하기가 어렵다. 그래서 몇 명을 인터뷰해야 좋을지 기준을 수립하기가 쉽지 않다. 다만 최소한 5명은 인터뷰하는 것이 좋다.

제이콥 닐슨이 진행한 사용성 연구에서는 5명을 인터뷰하는 경우 약 85% 수준으로 문제가 발견되고, 15명 정도로 진행하면 약 100% 수준으로 문제가 발견됐다는 결과를 얻었다.

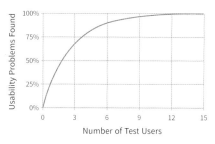

그림 3.12 제이콥 닐슨의 사용성 연구 "Why You Only Need to Test with 5 Users"[1]

인터뷰는 양보다는 질이 중요하다. 이러한 이유로 절대적으로 많은 수의 사람들을 대상으로 인터뷰를 진행하기보다는 오히려 인터뷰를 진행하면서 지속적으로 인터뷰 질문이나 가이드라인을 수정 및 보완해서 인터뷰의 품질을 향상하는 것이 좋을 수 있다.

3. 인터뷰 가이드라인 제작

인터뷰를 진행하기 전 질문지를 작성하는 것은 당연하다. 하지만 인터뷰를 진행하면서 마치 대본을 읽듯이 질문지에 작성한 내용만을 토대로 질문하게 되면 좋은 인사이트를 발견하기 어렵다. 또한 사진 촬영 및 녹취 동의 등 꼭 진행해야 하는 일을 놓치는 경우가 발생할 수도 있다. 이러한 문제를 방지하기 위해 인터뷰 가이드라인을 작성해서 인터뷰 상황에 유연하게 대처할 수 있게 준비하는 것이 좋다.

인터뷰 가이드라인은 시작(IceBreaking) → 질문 → 마무리 순으로 정리해서 작성하고 각 단계별로 꼭 진행해야 하거나 예측 가능한 상황, 대처 방법 등을 기재한다.

---

1 https://www.nngroup.com/articles/why-you-only-need-to-test-with-5-users

시작 단계에서는 자기 소개, 인터뷰 목적 및 내용, 소요 시간, 사진 촬영이나 녹취 등에 대한 동의, 사진이나 녹취본 폐기 계획, 인터뷰이를 파악하기 위한 간단한 질문 등을 포함한다. 질문 단계에서는 질문, 부가 질문 등을 포함한다. 마무리 단계에서는 질문 단계에서 미처 파악하지 못한 것들을 재확인하기 위한 추가 질문, 감사 인사 등을 포함한다.

인터뷰 질문

인터뷰는 설문조사가 아니다. 또한 단순히 지표 검증, 가설 검증을 위해서 수행하는 것이 아니다. 인터뷰는 대면으로 진행하는 만큼 여러 가지 이야기가 나올 수 있고, 인터뷰이의 보디랭귀지에서도 많은 힌트를 얻을 수 있다.

이러한 이유로 '예', '아니요' 같은 방식으로 대답할 수 있는 질문은 하지 않는 것이 좋다. 오히려 인터뷰이가 고민하고 계속 이야기를 꺼낼 수 있게끔 질문을 구성하는 것이 좋다. 신디 앨버레즈는 자신의 저서 《린 고객 개발》에서 인터뷰 질문의 뼈대를 다음과 같이 이야기했다.

1. 오늘 ~을 어떻게 하셨는지 말씀해주세요.
2. ~ 을 완료하기 위해서 사용하시는 [도구/제품/앱/요령]이 있을까요?
3. 만약 당신이 어떠한 문제도 해결할 수 있는 마법 지팡이가 있다면 어떤 문제를 해결하고 싶으신가요?
   실제로 가능한 일인지는 신경 쓰지 않으시고 아무 일이나 말씀해주셔도 좋습니다.
4. 마지막으로 ~을 하셨을 때, 그 일을 시작하기 직전에 무엇을 하고 계셨습니까?
   또한 그 일을 마치고 나서는 무엇을 하셨습니까?
5. ~에 대해서 제가 더 여쭤봤으면 하는 것이 있나요?

그림 3.13 《린 고객 개발》에서 소개된 인터뷰 질문의 예

이를 토대로 인터뷰 질문을 구성해보면 '경쟁사 정보를 얻기 위해서 사용하는 도구나 제품이 있을까요?', '해당 업무를 수행하기 위해서 어떻게 하셨는지 말씀해 주실 수 있으실까요?'처럼 열린 질문을 던질 수 있다. 이러한 열린 질문

은 인터뷰이가 고민하고, 인터뷰어에게 설명하는 것이기 때문에 문제에 대한 여러 실마리를 파악하기 쉽다.

인터뷰 TIP

인터뷰는 서로 모르는 사이에 진행되는 경우가 대부분이다. 즉, 인터뷰어에게 도 인터뷰이에게도 부담이 느껴지는 상황이기 때문에 답변이 솔직하지 못하 는 경우가 많다. 인터뷰 결과를 향상하기 위해 다음과 같은 방법을 활용해보 는 것도 좋다.

1. 편안한 분위기 조성하기

인터뷰를 진행하는 장소를 인터뷰이에게 익숙한 장소로 선정하면 가장 자연 스러운 행동을 볼 수 있으며 인터뷰이에게 편안한 환경을 제공할 수 있다.

'당신의 의견이 큰 도움이 될 거예요.', '당신이 전문가라고 생각합니다.' 같은 피드백을 통해 인터뷰이가 답변하기 편안한 환경을 제공할 수 있다.

2. 침묵

일반적으로 침묵은 상대방으로 하여금 불안함이나 불편함을 자아낸다. 의도 적인 침묵을 통해 인터뷰이가 더 많이 말할 수 있도록 유도할 수 있다. 침묵으 로 불편함을 느낀 인터뷰이가 많은 얘기를 꺼내는 상황에서는 의도치 않게 본 인이 가지고 있는 내면의 이야기를 꺼내는 경우가 있다. 이러한 답변은 사용 자가 가지고 있을 가장 큰 고민의 실마리가 되기도 한다.

03
가장 중요한 핵심은 명확성

"제가 의도한 것은 그런 게 아니라…", "아니 그 말이 아니에요. 사실 이거였어요!" 기획안을 읽고 업무를 수행해야 하는 협업자들의 질문에 이렇게 대답하고 있다면 내가 의도한 기획안의 내용이 상대방에게 충분히 전달되지 않았다는 의미다. 그리고 상대방에게 내 생각이 충분히 전달되지 않았다는 것은 기획안에 명확성이 부족하다는 의미다.

서비스 기획자가 글을 작성하는 것, 즉 기획안을 작성하는 것은 역량을 가장 잘 보여줄 수 있는 부분 중 하나다. 서비스 기획자가 가지고 있는 생각은 글로 표현되기 전까지는 추상적인 아이디어에 불과하다. 생각이 뛰어나다고 서비스 기획자의 역량이 뛰어나다고 볼 수는 없다. 머리에 떠오른 추상적인 아이디어와 아이디어를 해결책으로 만들어가는 사고 과정을 글로 구체화하고 현실화하는 것이 곧 기획이다.

서비스 기획자가 기획안을 작성하는 이유는 제품 및 서비스가 무엇인지를 설명하거나, 어떤 기능들이 제품 및 서비스에 있어야 한다는 것을 설명하거나, 제품 및 서비스를 만들어가는 과정을 설명하기 위해서다. 또한 그렇게 만들어진 제품 및 서비스가 누구를 대상으로 하며, 그 대상에게 사회적, 경제적으로 어떤 이익을 창출할 수 있을지도 설명해야 한다.

이렇게나 많은 내용들을 기획안에 담아야 하다니! 기획자가 아닌 입장에서 한 번 생각해보자. 벌써부터 기획안을 읽을 생각에 머리가 복잡하지 않은가? 게다가 기획안의 내용이 명확하지 않다면 읽기가 싫어질뿐만 아니라 아무도 읽지 않는 기획안이 되어버릴 것이다.

기획안에는 명확성이 필요하다. 기획안이 명확해야 많은 내용이 담긴 기획안을 그것을 읽을 대상에게 효과적이고 효율적으로 전달함으로써 제품 및 서비스를 올바른 방향으로 만들어낼 수 있다.

Why: 왜 만들어야 하는 건가요?

기획안을 명확하게 만들려면 먼저 왜 만들어야 하는지 고민해야 한다. 기획안을 작성할 때 간혹 Why에 대해서 중요하지 않게 생각하고 넘어가는 경우가 있다. 물론 우리가 해결해야 하는 문제에 대해 조직 구성원 모두가 필요성을 공감하고 있고, 그래서 기획안을 받아보는 사람이 기획의 배경을 충분히 이해하는 상태라면 굳이 Why를 추가로 설명할 필요가 없을 수 있다.

하지만 그렇지 않은 경우에는 Why에 해당하는 기획 배경을 반드시 적어야 한다. 잘 수립된 기획 배경은 내 기획안의 설득력을 높여줄뿐더러 솔루션을 만들어내는 협업자들을 고양시키고 업무 효율을 높일 수 있기 때문이다. 개발자나 디자이너는 서비스 기획자가 요구하는 사항들을 뚝딱뚝딱 만들어내는 로봇이 아니다. 제품 및 서비스를 함께 만들어가는 협업자다. 왜 만들어야 하는지도 모르고 만드는 것은 그들에게 제품 개발에 부정적인 생각을 갖게 만들 수 있다. 이는 곧 비효율성과 비생산성으로 이어진다.

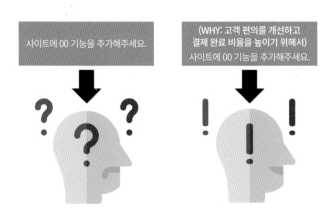

그림 3.14 당위성을 설명해서 설득력을 높이는 'Why'의 중요성

이뿐만이 아니다. 혁신적이면서도 현실적이기도 한 아이디어는 개발자나 디자이너에게서 생겨나는 경우가 꽤 많다. 개발자나 디자이너가 왜 만들어야 하는지에 대해 공감한다면 그들이 혁신적인 의견을 먼저 적극적으로 이야기하고, 의욕 넘치게 제품을 만드는 모습을 보게 될 수도 있다. 왜 만들어야 하는지 구성원들이 공감하게 된다면 혁신적이면서도 현실적이고, 모두가 의욕 넘치게 적극적으로 일할 수 있는 기회가 생겨나는 것이다.

What & How: 무엇을 어떻게 만들어야 하는 건가요?

Why를 잘 정리해서 구성원들의 공감을 얻는 데 성공했다면 다음은 문제를 해결할 수 있는 구체적인 방안(Solution/Action Plan)을 작성함으로써 구성원들이 만들어야 할 부분을 정의해야 한다. 어떻게 보면 기획안의 가장 핵심적인 부분이라고 볼 수 있다. 물론 제일 중요하다는 이야기는 아니고 기획안의 가장 대부분을 차지하는 영역이라는 의미다. 기획안을 토대로 제품을 만들어야 하는 개발자 및 디자이너가 업무를 수행하는 단계에서 가장 많이, 집중적으로 보는 영역이기 때문이다.

What은 Why를 통해 우리가 해결해야 할 문제를 무엇으로 해결할 수 있는지 말해주는 것이다. 다만 구구절절 What에 대한 내용을 설명하는 것이 아니라 한마디로 딱 정의할 수 있는 것이 명확하고 좋다.

How는 What을 어떻게 만들어낼 수 있는지에 대해 말해주는 것이다. 아마 누가 보는가에 따라 내용이 가장 많이 달라지는 부분일 것이다. 비즈니스를 담당하는 사람이 본다면 기술적인 내용보다는 기간과 인력 및 자금 투입 계획, 단계별 계획 등을 기재하는 것이 좋지만 개발자에게 보여주는 기획안이라면 기능에 대한 요구사항이나 개발 기간 등을 기재하는 것이 좋다. 디자이너가 보는 부분이라면 어떤 사용자 경험을 제공해야 하고, 사용자가 우리 제품을 어떠한 과정으로 사용하게 될지를 기재할 수 있다.

그림 3.15 실무자의 관심은 'What'과 'How'

명확성

'명확하다'는 '사실이나 상황이 매우 확실하다'는 의미다. 즉, 기획안이 명확해야 한다는 이야기는 왜 만들어야 하는지 상황을 확실하게 설명하는 것이고, 무엇을 만들어야 하는지 사실을 확실하게 정의해야 한다는 것이다. 그래서 Why, What, How를 고민하면서 기획안을 작성해야 명확한 기획안을 얻을 수 있다.

기획자의 글쓰기 _ 서비스 기획자가 지녀야 할 협업과 소통의 글쓰기 스킬

04
적절한 근거 제시

잠깐 친구나 지인 또는 팀원들과 이야기를 나눌 때를 생각해보자. 만약 내가 이야기하는 부분을 상대방이 잘 알아듣지 못하는 경우가 발생하면 우리는 이야기한 내용의 구체적인 예시를 들어 설명하곤 한다. 설명하는 내용과 비슷한 사례를 예시로 들거나, 비유를 통해 설명하는 경우도 있다.

기획자로서 이야기할 때도 예시를 드는 것은 필요하다. 막연하게 기획자의 의견을 전달하는 상황에서는 보통 쉽게 이해하지 못할 때가 많다. 이럴 때도 앞서 설명한 바와 마찬가지로 유사한 서비스를 소개하거나 비유를 통해 만들고자 하는 서비스를 설명할 수 있다.

다만 기획자는 여기서 한 단계 더 나아가야 한다. 기획자는 요구사항을 전달 및 설득하는 경우가 많다. 이러한 상황에서 기획자는 본인이 가지고 있는 생각을 함께 일하는 동료들이 이해하기 쉽게 잘 전달할 수 있어야 한다.

그리고 설령 이해했다 하더라도 동의의 과정에 이르기까지 어려운 경우가 많다. 앞서 친구나 지인에게 이야기할 때와 마찬가지로 기획자도 예시를 들어야 한다. 그리고 기획자가 들어야 할 예시는 단순한 비유가 아닌 근거다. 기획자는 언제나 데이터라는 근거를 제시함으로써 동료를 설득하고, 이해관계자를 설득할 수 있어야 한다.

동료들과 새로운 서비스를 만들어내거나 새로운 기능을 추가하기 위한 논의를 진행하다 보면 그들이 고개를 끄덕이며 적극적으로 경청하는 지점이 있고,

반대로 딴짓을 하게 만드는 지점이 있다는 것을 느끼게 된다. 이 두 지점은 그들이 이해할 수 있도록 적절한 데이터가 제공되느냐 제공되지 않느냐에 차이가 있다. 정확한 데이터가 뒷받침되는 논리는 단순한 추정이나 예상보다 훨씬 설득력이 높다.

그림 3.16 상대방을 설득하기 위한 최고의 무기인 '데이터'

개발자에게는 데이터가 필요하다. 개발자에게 적절한 데이터를 제시함으로써 개발자를 설득하려 해야 한다. 디자이너에게는 데이터도 필요하지만 고객의 목소리를 들려주는 것이 효과적이다. 구현 가능성을 가시적으로 확인할 수 있기 때문이다. 단순한 추상이나 혹은 그저 자신감이 넘치는 "우리는 최고예요!", "우리는 다 잘해요!", "경쟁사에 비해 우리 제품(서비스)이 훨씬 좋습니다!"라고 외치는 팀보다는 발표자의 현란한 설명이나 자부심으로 가득 찬 표정 없어도 실질적인 성과를 보여주는 팀이 더 좋은 성적을 받고 투자를 유치하게 된다.

이러한 사례는 기획자의 업무 수행에도 적용된다. 기획자는 문서를 작성할 때 늘 근거를 제시할 수 있어야 한다. 특히 내부 팀원을 설득하는 것은 매우 중요하다. 이해하지 못했거나 공감하지 못하는 일들을 억지로 하게 만드는 것보다는 충분한 공감대가 형성되고, 그 일을 해야 하는 이유를 알아야 열정도 생기고, 업무의 효율성이나 창의성이 증대되기 때문이다.

새로운 기능을 개발하자고 개발자에게 이야기할 때나 우리 서비스가 수익을 창출할 수 있는 가능성이 있다고 이해관계자에게 이야기할 때나 가장 확실하고 효과적인 설득의 방법은 근거를 제시하는 것이다. 근거를 수반하지 않은 문서는 그저 기획자의 상상에 불과하고, 무의미한 자신감으로 비춰질 수 있다.

개발자나 디자이너, 마케터 모두 기획자가 강력하게 주장하면 요구사항대로 업무를 수행하긴 하겠지만 가슴속 깊은 곳에서는 성공에 대한 의구심을 잔뜩 품은 상태일 것이다. 그렇게 만들어진 서비스, 즉 내부적으로도 충분한 동의를 얻지 못한 서비스가 과연 성공할 수 있을까? 구성원 모두가 확신에 가득 찬 상태에서 더 좋은 아이디어를 떠올려서 서비스에 반영해보려 하고, 치열하게 논의하면서 최선의 서비스를 만들어내려고 노력할 때야말로 우리의 서비스가 조금 더 성공 가능성이 높지 않을까?

설레는 데이트를 앞두고 있을 때 '10분만 더 자고...'를 되뇌기보다는 눈이 번쩍 뜨이는 것처럼, 하고 싶은 일로 만들어야 일이 잘 될 수 있다. 이런 과정을 만들어내기 위해서 기획자는 늘 주장하는 바에 적절한 근거를 담아야 한다.

그림 3.17 적절한 데이터를 근거로 한 업무 요청 및 지시

데이터는 어떻게 준비할까?

데이터는 크게 정성적 데이터와 정량적 데이터로 구분된다. 이는 숫자로 표현하는가 아닌가로 구분된다.

> **정성적 데이터:** 문자 또는 단어로 표현되는 데이터. 크기나 양으로 값을 표현하지 못하며 단어나 문장으로 표현되는 아이디어나 신념 등을 의미한다. 설명을 필요로 하는 정보를 수집하며, 결과를 분석하기는 어려우나 더 깊이 있는 데이터를 얻어 낼 수 있다.
>
> **정량적 데이터:** 숫자로 표현되는 데이터. 크기나 양으로 값을 표현할 수 있으며, 구조적이고 통계적 수치로 나타낼 수 있는 경제 수치, 인구센서스 등을 의미한다. 비교적 분석하기 쉽지만 유의미한 결과를 얻어내기 위해서는 더욱 많은 표본을 수집해야 한다는 어려움이 있다.

그림 3.18 정성적 데이터와 정량적 데이터

비록 두 가지 범주로 데이터를 구분하지만 이 가운데 어느 범주가 가치가 높냐 높지 않냐를 따지기는 어렵다. 앞에서 설명했듯이 각 데이터가 가진 장단점이 다르고, 표현할 수 있는 값들이 다르기 때문이다. 그래서 보통은 두 가지의 데이터를 모두 준비한다.

예를 들어 새로운 기능을 도입해야 한다는 주장을 펼칠 때, 정성적 데이터로는 유저 피드백, 최근 산업의 동향 등을 데이터로 제시한다. 그리고 이를 보완하기 위해 새로운 기능을 도입했을 때 발생할 수 있는 손익, 획득 가능한 유저 수, 리텐션 증가율 등의 정량적 데이터를 활용한다.

이처럼 두 가지 범주의 데이터를 모두 활용함으로써 새로운 기능을 개발하거나 도입하자는 주장의 근거로 사용한다. 이렇게 수집한 데이터는 도표, 그래프 등으로 보기 좋게 가공해서 활용한다. 그리고 굳이 회사에서 경험하지 않더라도 고교과정이나 또는 대학과정을 통해 이러한 데이터를 가공하는 방법을 충분히 잘 알고 있다.

05
읽는 대상과 목적 설정

어떤 종류의 기획안이든 기획안을 작성할 때는 '누가' 보는 기획안인지 고민하고 설정하는 것이 필요하다. '누가' 보는 문서가 될지 고민하지 않은 채 기획안을 작성하면 이를 받아 보는 사람은 해당 기획안을 충분히 이해하지 못하게 된다. 그래서 깊게 고민하지 않은 채 기획안을 읽거나, 읽고 나서도 '그래서 어떻게 하라는 거야'라며 깊이 생각하지 않게 된다.

만약 내가 쓰는 제품 중에 좋은 제품이 있어서 친구에게 이 제품에 대해 이야기해준다고 했을 때 친구가 전혀 관심이 없다면 그 이야기가 재미있을까? 아무리 좋다고 설명하고, 열심히 소개해줘도 친구는 귀담아듣지 않을 테고 금방 기억에서 잊어버리고 만다.

문서는 읽는 대상이 누구냐에 따라 작성해야 하는 내용이 달라질 수 있다. 이를 고려하지 않으면 기획안을 보완해 달라는 요청을 끊임없이 받게 되어 수정해야 하는 상황이 반복적으로 발생할 수 있다.

기획안을 작성할 때 가장 먼저 고민해야 할 부분 = **"누가 읽는 것인가"**

그림 3.19 누가 읽는 것인가

기획안도 마찬가지다. 기획안을 작성할 때 설명이 필요하다고 생각되는 모든 내용을 다 포함해서 작성하는 것이 좋을까? 만약 개발자에게 보여주는 기획안을 비즈니스 모델이나 수익, 재무와 관련한 내용으로 알차게 구성한다면 그 기획안을 개발자가 관심 있게 봐줄까? 마케터에게 보여줄 기획안에 개발에 대한 요구사항이 가득하다면 마케터는 기획안을 보고 본인이 무엇을 해야 할지 계획을 수립할 수 있을까?

기획안을 '보는 사람' 입장에서는 자신에게 해당하는 내용 외에는 눈에 들어오지도 않고, 자세히 보지도 않는다. 이러한 기획안은 '보는 사람'의 시간을 빼앗고, 관심도를 떨어뜨린다. 그래서 앞에서 이야기한 바와 같이 기획안을 읽는 내내 "뭘 어떻게 하라는 거야?"라는 부정적인 생각으로 가득 차 버리고 말 것이다. 그래서 기획안을 작성할 때는 반드시 사전에 누가 보는 기획안인지 생각하고 시작해야 한다.

물론 같은 기획에 관한 내용이라도 여러 버전의 기획안을 작성하는 것은 비효율적으로 보일 수 있다. 기획자의 업무가 늘어나고, 작업 시간이 늘어나기 때문이다. 하지만 달리 생각해보자. '보는 사람'을 고려해서 기획안을 작성한다면 그것을 '보는 사람'이 바로 이해할 수 있다. 또한 기획자의 의도를 잘못 해석하거나 임의로 판단하는 일이 없어질 것이다. 그렇게 되면 추가적인 미팅도 눈에 띄게 줄어들고, 불필요한 수고를 미리 제거할 수 있다. 따라서 문서를 작성할 때는 반드시 누가 보는 기획안인지 먼저 고려해야 한다.

만약 '보는 사람'이 관심 있어 하고, 반드시 알아야 할 내용이 아닌 경우에도 기획안에 포함하고 싶은 내용이 있을 경우 문서의 마지막에 참고사항으로 추가하자.

그림 3.20 읽는 사람을 고려한 기획안 작성

06
의견과 요구사항은 달라요

"이거 해주세요!" 제품을 만들다 보면 개발팀이나 디자인팀에 요청할 것들이 발생한다. 이 경우 각 팀에 이런 기능을 개발해달라, 저런 화면을 디자인해달라고 요청하곤 한다. 이러한 요청사항은 요구사항이라는 형태로 정리되지 않으면 "어떻게 해달라는 건데요? 기획안을 주세요"라는 반문을 듣기 십상이다. 각 팀에서 요구하는 요구사항이란 무엇일까?

그림 3.21 명확하게 정의되지 않은 요청사항의 문제

요구사항

프로덕트를 만들기 위해 문서를 만들다 보면 '요구사항 정의'라는 것을 작성하게 된다. 말 그대로 개발 및 디자인팀에 요구하는 사항들을 기재한 문서다. 어떤 기능인지, 왜 만들어야 하는지, 어떤 목표를 추구하고자 만드는 것인지를 포함해야 한다. 다만 요구사항은 너무 자세하게 작성하면 개발자와 디자이너의 전문 영역을 침해하고 되고, 너무 간략하게 작성하면 의견이 제대로 전달되지 않는다.

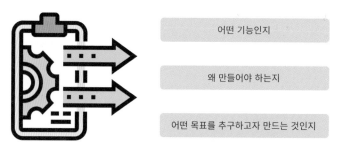

그림 3.22 요구사항 정의의 필요성

요청이나 의견 제시가 문제가 되는 이유

간단한 요청 사항이나 프로덕트에 대한 의견을 제시하는 것은 자유롭다. 다만 그것이 실제 프로덕트에 반영되거나 반영되지 않는 것은 다른 문제다. 간단한 요청과 의견 제시라 하더라도 이를 프로젝트에 반영하려면 일정 조정, 리소스 배분 등이 필요하다. 그리고 바꾸거나 새로 만드는 것은 생각보다 그리 간단하지 않다. 리소스를 투입한 만큼 사용자가 충분히 활용하고 만족할 만한 가치가 있는지, 기존에 만들어 놓은 것들과 충돌하지는 않는지, 새로 만드는 것이 잘 작동하는지 등 생각하거나 테스트해봐야 할 것이 많다.

또한 이러한 경우 으레 단순하게 표현되는 경우가 많다. 이를테면 "빨간색이 별로네요", "버튼이 여기 있는 게 어색해요. 여기로 옮겨주세요", "이렇게 하면 팝업이 떴으면 좋겠어요", "글자 크기가 좀 더 컸으면 좋겠어요" 등이 여기에 해당한다. 이렇게 요청이나 의견을 받게 되면 "왜 또 바꾸라는 거야?", "왜 처음부터 이런 생각을 하지 못했지?", "그래서 명확하게 어떨 때 동작하게 하라는 거야?"라는 불만과 의구심만 커지게 된다.

서비스 기획자는 이렇게 요청하거나 의견을 제시하는 데 그치면 안 된다. 요청이나 의견을 요구사항으로 명확하게 바꾸어 제시해야 한다. 요구사항이란 명확한 근거와 배경을 토대로 어떠한 것이 있어야 한다는 표현이다. 또한 고객의 관점에서 생각해야 한다. 고객의 관점에서 바라보고 "사용자의 사용 환경이나 반응하는 부분이 예측했던 부분들과 벗어나 있기 때문에", "고객 피드백은 이러하기 때문에"가 있어야 하며, "A 환경에서는 B라는 부분을 고객이 할 수 있어야 한다"처럼 표현해야 한다.

이를테면 "고객이 결제할 때 결제 수단을 선택하지 못하는 어려움이 있기 때문에(왜: 어떤 배경으로 인해) 최초 결제 화면에 진입했을 때(조건: 어떤 환경일 때 동작) 결제 수단(무엇: 어떤 기능인지)을 선택할 수 있어야 합니다"와 같이 명시해야 한다. 여기에 더해 "이 기능을 통해 결제를 완료하는 비율을 0% 증대할 것으로 기대"와 같이 달성하고자 하는 목표가 추가되면 금상첨화다.

결제 버튼이 최상단에 고정되어 고객이 찾는 데 어려움을 느낌

결제 버튼을 스크롤을 따라 움직이는 플로팅 형태로 수정

결제 완료 비율이 00% 증대될 것으로 기대

그림 3.23 결제 버튼 수정을 요청하는 요구사항의 예

이렇게 요구사항을 정리하고 나서 리뷰를 통해 요구사항에 대한 설명을 진행하고, 보완하거나 수정할 부분을 정립하며 일정을 조율해야 한다. 이 과정을 통해 우선순위나 리소스 배분에 대한 논의가 이뤄진다. 이렇게 결정된 사항과 일정은 단순하게 요청하거나 의견을 제시했을 때와 달리 효율적이고 효과적으로 디자인과 개발이 진행된다.

07

모든 문서를 작성해야 하는 것은 아니다

처음에 서비스 기획자라는 직무로 업무를 시작했을 때 덜컥 겁이 났던 경험이 있다. 기존에 알거나 생각했던 문서의 범주보다 훨씬 많은 종류의 문서, 즉 기획 산출물을 작성할 필요가 있었고, 작성하도록 요구받기도 했기 때문이다.

사실 하나의 결과물을 만들어내는 데 있어 꼭 기획 산출물이라고 불리는 것들을 모두 작성할 필요는 없다. 심지어 극단적으로 표현하면 단 한 가지의 문서도 작성할 필요가 없을 수도 있다. 기획자가 어떻게 해달라는 구체적인 요구사항을 기재하지 않아도 함께 충분히 논의하고 토의함으로써 합의를 일궈냈다면, 그다음에는 그 합의사항에 맞춰 디자인과 개발자가 협업을 통해 어떤 결과물들을 만들어내는 것도 충분히 가능하다.

실제로 초창기 회사나 프로젝트의 경우 문서화하지 않은 것들이 많거나 일정한 규칙을 정해 업무를 수행하려 하지 않는 경우도 많다. 물론 이런 경우에는 기획자의 역할 자체가 필요하지 않은 경우이기도 하다. 이런 경우에는 괜히 기획자 때문에 커뮤니케이션이 늦어지면서 출시 시기가 늦춰지거나 커뮤니케이션에 혼선이 생기기도 한다. 하지만 이 책은 기획자가 필요 없다는 이야기를 하는 것이 아니다. 단지 모든 문서를 작성해야 한다는 압박감을 탈피하자는 것이다.

이런 이유로 일단 서비스 기획자로서 팀에 합류하고, 함께 협업함으로써 좋은 결과물을 만들어내고 싶다면 서비스 기획자 스스로가 완벽한 정답을 찾아내려고 하지는 말았으면 좋겠다. 굳이 정답이 있는 것이냐고 물어본다면, 정답은 있다. 함께 일하는 사람들과 충분히 대화를 나누는 것이 정답이다.

그림 3.24 함께 일하는 사람들과 충분히 대화를 나누는 것

함께 일하는 사람들의 요구사항을 확인하고 의견을 들어봄으로써 그들이 업무를 원활하게 수행할 수 있도록 노력해보자. 거창한 정책서나 세세한 기능 정의에 대한 문서가 꼭 필요하진 않다면 따로 시간을 내어 만들 필요가 없지 않을까? 그저 회의 때 진행했던 내용만 기록해도 그게 곧 기획 문서가 될 수 있다고 생각한다.

물론 현업에 존재하는 수많은 기획 문서의 양식은 오랜 시간을 거쳐 수많은 사람들이 각자의 경험과 노력을 담아냈기에 효율적인 문서라고 할 수 있는 것이 사실이다. 그런 것들을 따라서 작성해보고, 공부하는 것 또한 기획 업무를 수행하는 데 큰 도움이 될 수 있다는 것도 부정하진 않는다.

더군다나 제품 개발의 히스토리를 기록하거나, 내부 프로세스를 정립하거나, 새로운 직원의 원활한 온보딩을 위해서는 문서 작성이 반드시 필요하기도 하다.

원활하고 능숙하게 커뮤니케이션하기

커뮤니케이션을 우리말로 표현하면 의사소통이다. 의사소통의 사전적 정의는 '가지고 있는 생각이나 뜻이 서로 통하는 것'이다. 즉, 내가 말하는 의견이 상대방에게 잘 전달돼야 하고, 상대방의 의견도 내게 잘 전달돼야 한다.

그림 3.25 커뮤니케이션. 서로의 생각이나 의견이 상대방에게 잘 전달되는 것

처음에는 '커뮤니케이션을 잘한다'라는 말을 '말 또는 언변이 뛰어나다'로 생각하곤 했다. 내 의견을 상대방에게 충분히 어필함으로써 상대방이 나의 의견에 동조하게 만드는 것처럼 말이다. 내가 상대방의 의견에 동조하게 되거나 설득되는 과정은 조금 자존심이 상하거나 지는 것 같았다. 엄밀히 따지자면 이 생각은 앞서 설명한 의사소통의 정의에 따르면 반쪽짜리 생각일 뿐이고, 내가 기획이라는 업무를 수행할 때 커뮤니케이션을 잘하지 못했다는 뜻이기도 하다.

기획자의 커뮤니케이션이란 제품을 온전히 만들어내기 위해 관련 협업자들과 끊임없이 이야기를 나누면서 의견을 전달하고 합의하는 시간을 가짐으로써 제품 구현의 현실성을 더하고 협업자들의 의견을 받아 제품의 완성도를 더하는 과정이다. 이러한 과정에서 기획자가 최초에 의도했던 제품과는 조금 다른 결과물이 나올 수 있다. 다만 이는 협업자들의 아이디어를 더해 궁극적으로 제품이 시장에서 성공할 수 있도록 조정하는 과정이다.

이 과정에서 기획자는 의견을 적절히 조율함으로써 최상의 결과를 만들어내기 위해 노력해야 한다. 이러한 이유로 기획자를 뽑는 채용 공고를 보면 거의 대부분 커뮤니케이션을 잘하는 사람을 희망하는 것을 볼 수 있다. 디자이너와 개발자와 함께 제품을 만드는 과정에서 능숙하게 커뮤니케이션할 수 있다든지, 다양한 팀이나 직무와 원활하게 커뮤니케이션해서 요구사항을 적절하게 파악할 수 있다든지 하는 식으로 말이다.

기획자는 원론적이고 개념적인 생각, 추상적인 것들을 토대로 기획안을 만들어내고, 이를 실제 제품으로 구현할 수 있는 디자이너와 개발자에게 넘겨주는 업무를 진행하곤 한다. 이러한 과정에서 기획자의 아이디어를 온전히 구현하기 위해서는 커뮤니케이션이 필요하다. 가령, 기획자가 작성한 기획안을 받아보는 개발자나 디자이너가 어떤 요구사항인지 인지하지 않은 상태이고 기획안에 포함된 요구사항과 관련된 지식도 전혀 없는 상태라고 가정했을 때 기획자가 만들어놓은 기획안만 읽고 기획자의 생각을 그대로 구현할수 있을까? 설령 기획자가 리뷰 시간을 통해 참여자들이 모두 이해하고 합의했다 하더라도 실제로 각자 이해한 바가 조금씩 다르기 마련이다.

결과적으로 제품을 구현하는 단계에서 개발자와 디자이너가 각자가 이해한 방식으로 업무를 진행하게 되어 결과물이 엉망이 되고 만다. 이러한 상황을 방지하기 위해서는 서로의 생각을 끊임없이 조율하고, 서로의 생각이 일치할 수 있도록 맞춰가는 과정에서 기획자의 커뮤니케이션이 필요하다.

그림 3.26 기획자에게 커뮤니케이션이 중요한 이유

기획자가 커뮤니케이션을 잘해야 한다는 것도 이해했고, 실제로 많은 기업의 기획자 채용 과정에서 커뮤니케이션을 잘하는 사람에 대한 우대사항이 있는 것도 확인했다. 그런데 과연 어느 정도로 말을 잘하거나, 말을 잘 들어주거나, 이야기를 이끌어나갈 수 있어야 능숙하고 원활한 커뮤니케이션 능력인 것일까?

정해진 기준이 없기 때문에 사실 이 문제의 답을 내리기는 사실상 어렵다. 다만 커뮤니케이션을 잘한다고 생각되는 요인은 있다. 바로 명확성이다. 사실 기획에 대한 것뿐만이 아니라 모든 의사소통에는 명확성이 중요하다. 상대방에게 내 의견을 명확하게 전달하는 것뿐만 아니라 상대방의 의견을 명확하게 전달받는 것이다. 명확성이 보장되지 않는 커뮤니케이션은 같은 내용에 대해 서로 다른 생각을 갖게 만들고, 최악의 경우 서로가 생각하고 기대했던 바에서 완전히 어긋나 버린, 서로 다른 결과물을 만들게 되기도 한다.

기획자가 개발자나 디자이너와 이야기를 나누다 보면 때때로 부담감을 갖게 된다. 사실 개발자가 하는 이야기가 무슨 말인지 잘 이해하기 어려울 때도 많고, 디자이너의 창의성을 따라가지 못하는 경우도 많다. 그러다 보면 스스로 부족하다고 느끼거나 몰라서 부끄럽다는 생각이 들게 된다. 이는 부담감으로 이어지고, 몰라도 알고 있는 척, 이해하고 있는 척 넘어가게 된다. 비단 기획자만 그렇진 않을 것이다.

그래서 함께 일하는 우리는 모두 상대방을 이해하고자 노력해야 한다. 서로의 언어나 말을 모르는 게 당연하다는 생각을 가지고, 그렇기 때문에 서로가 서로에게 명확하게 의사를 전달하기 위해 노력해야 한다. 명확성을 가진 커뮤니케이션은 서로가 서로에게 끊임없이 확인한다. 내가 의도한 바가 잘 전달됐는지 확인함으로써 서로의 생각을 계속 일치시키는 것이다. 이를 통해 서로가 합의하고, 이해한 바대로 결과물을 만들어 가는 것이다. 그렇기 때문에 커뮤니케이션을 잘한다는 것은 결국 명확하게 의견을 전달하고, 전달받느냐에 대한 것이라고 생각한다.

새로운 서비스를 구상하는 단계에는 흔히 페르소나(persona)를 어떻게 설정했는가에 대한 질문이 따라온다. 누군가에게 페르소나 설정에 대한 질문을 받기도 하지만 나 스스로도 이 제품의 페르소나가 어떻게 되는지 고민해보기도 한다.

페르소나는 본디 '가면'을 뜻하는 라틴어에서 비롯된 표현이다. 연극에서 쓰이는 가면이 점차 인격을 뜻하는 용어로 작품이나 심리학에서 사용되다가 현대에 와서는 가상의 인격을 설정하는 용어로 사용되고 있다. 서비스를 기획하는 업무에서는 해당 제품을 실제 사용할 거라고 가정하고 만든 일종의 가상 프로필을 의미한다.

직장인 김기획

성별: 남
직업: 기획자
결혼 여부: 기혼
자녀 수: 2명

그림 3.27 유용한 페르소나 설정

개인적으로 서비스 기획을 진행하면서 페르소나를 설정할 때면 꽤나 구체적으로 작성한다. 특히 영화에서 볼 수 있는 프로파일링처럼 해보려고 한다. 가상의 인물을 따라서 사진도 넣어보고, 이름도 정해 본다. 성별, 나이, 직업도 작성하고 심지어 자녀 수, 가치관, 평소 자주 생각하는 것들 등도 포함해서 정하기도 한다. 물론 꼭 그렇게 해야 하는 건 아니다. 하지만 구체적으로 작성하면 작성할수록 내 서비스의 이용자를 좀 더 구체적으로 상정할 수 있어 서비스를 구상하는 방향성을 설정하기에 용이하다.

이처럼 페르소나를 설정하면 서비스를 기획할 때 페르소나가 좋아하는 색깔, 버튼 방식 또는 크기, 위치 등의 UI 요소를 고려할 수 있다. 이뿐만 아니라 페르소나가 선호하는 트렌드를 반영한 기능을 만들어낼 수 있고, 마케팅에서도 활용할 수 있다. 이를테면, 50 ~ 60대에 해당하는 페르소나라면 텍스트의 크기가 작은 것보다는 큰 것이 좋다. 또는 10 ~ 20대에 해당하는 페르소나라면 최근에 유행하는 요인들을 고려해서 서비스를 설계할 수 있을 것이다.

하지만 페르소나에는 단점이 있다. 페르소나를 잠재고객과 동일하다고 보기는 어렵다. 페르소나는 특정한 한 개인의 프로필을 고도화한 것뿐이다. 같은 연령대, 같은 성별, 같은 선호 트렌드를 공유하고 있다고 해서 페르소나가 잠재고객 전부를 대변할 수는 없다. 생활 습관, 소비 패턴은 모든 개개인이 다 다르며, 심지어 가지고 있는 생각, 살아온 가치관 또한 모든 개개인이 다르다. 인간이 결정을 내리게 되는 기준에는 한 개인이 그간 살아온 인생이 전부 담겨 있기 때문에 페르소나가 잠재고객을 상징한다고 보기는 어렵다.

페르소나를 구체화하는 과정에서 페르소나에 애정을 느끼게 되는 경우 마치 페르소나가 전부일 거라는 착각에 종종 빠지곤 한다. 그래서 서비스를 테스트하거나 실험하는 단계에서 페르소나에 대한 예상 결과가 실제와 다르게 나오는 경우에도 해석을 달리하는 경우가 있다. 또한 페르소나를 고도화했더라도 페르소나를 받아들이는 사람들 또한 모두 다르게 생각한다.

그림 3.28 사람에 따라 다르게 해석될 수 있는 페르소나(이미지 출처: tvn 공식 홈페이지)

30대 직장인, 예를 들어 미생이라는 드라마에 나오는 김동식 대리를 페르소나라고 설정했다고 가정해보자. 누구는 김동식 대리를 일 잘하고, 융통성 있고, 상급자에게 충성을 다하는 조직원으로 긍정적으로 바라볼 수도 있다. 반면 다른 누구는 김동식 대리를 적당히 대충대충 할 일만 하고, 실수도 잦고, 부하직원의 개인적인 삶에 지나치게 간섭하는 사람으로 부정적으로 바라볼 수도 있다. 같은 페르소나에 대해서도 주관적으로 다르게 해석할 가능성이 있다. 즉, 페르소나를 잠재고객으로 설정해버리기에는 지나친 감이 없잖아 있다. 이러한 이유로 나는 페르소나를 전부라고 생각하고 기획하기보다는 그저 서비스의 방향성을 설계하는 데 도움을 줄 수 있는 요인으로 생각하곤 한다.

그래서 잠재고객이 누구인지를 정확하게 파악하고자 할 때는 페르소나로 설정한 유형의 사람과 비슷한 집단의 사람들을 총체적으로 분석할 수 있어야 한다. 설정한 페르소나와 일치하는 조건들이 있는 사람들을 모두 모아 그들을 종합적으로, 그리고 포괄적으로 접근해서 분석하는 것이다. 그래서 공통적으로 나오는 요인들이 있는지, 독특하게 행동하는 패턴들이 존재하는지 등을 파악해서 잠재고객을 설정하고, 그들의 행동 패턴을 토대로 서비스를 기획해야 한다. 쿠팡의 김성한 PO는 《프로덕트 오너》에서 고객을 분석할 때 다음과 같은 질문이 도움이 된다고 설명했다.

> 1. 이 프로덕트를 사용하는 사람은 누구인가?
> 2. 개개인이 아닌 법인이나 단체가 이 프로덕트를 사용하는 경우도 있는가?
> 3. 사용자는 어떤 가치를 얻으려고 하는가?
> 4. 프로덕트가 그 가치를 직접적으로 제공해줄 수 있는가?
> 5. 성공적으로 제공했다는 사실을 데이터로 증명 가능한가?
> 6. 동일한 가치를 추구하는 사용자 집단을 묶을 수 있는가?

그림 3.29 고객 분석을 위해 사용하는 질문[2]

잠재고객을 설정하기 위해 페르소나를 설정하고, 끊임없이 그들의 행동 패턴을 분석하다 보면 진짜 우리 서비스, 우리 프로덕트의 고객이 나타날지도 모른다. 물론 정답은 없다. 다만 끊임없이 잠재고객을 설정하고 분석하는 과정을 통해 고객들이 진정으로 원하는 가치가 무엇인지를 생각해볼 수 있고, 그들을 만족시킬 수 있는 요인들을 찾아내기 위해 쏟아붓는 모든 노력은 결국 고객에게 전달될 수 있을 것이라 확신한다.

---

2 출처: 《프로덕트 오너》(세종서적, 2020)

이제 본격적으로 서비스를 실제로 만들기 위한 기획안 작성을 시작해 보자. 기획안에는 여러 가지가 있는데 이처럼 기획안을 작성하는 것을 가리켜 '서비스 정책을 수립한다' 또는 '서비스 정책서'라는 개념으로 표현되기도 한다. 물론 '기획안 작성' 또는 '기획을 한다'라는 말이 제일 많이 쓰인다.

서비스 기획안이라고 불리는 산출물은 제품의 세부적인 요건을 정리하고, 실제 구현 가능성을 논의하며, 어떻게 구현되길 바라는지에 대한 내용을 기술하는 내용이 주를 이룬다. 이 과정이 필요한 이유는 기획자가 생각한 제품이 지나치게 추상적이거나 현실 가능성이 없을 수도 있기 때문이기도 하고, 개발자나 디자이너가 실제로 구현할 때 기획자의 의도에 부합하게 만들어야 하기 때문이다.

즉, 서비스 기획자는 개발자나 디자이너 같은 각 분야의 전문가들이 주어진 업무를 파악하고, 기획의 의도에 맞춰 자신들의 역량을 마음껏 발휘할 수 있도록 문서를 만들어낼 수 있어야 한다. 이처럼 서비스 기획자가 작성하는 서비스 정책서는 개발자나 디자이너에게 서비스 기획자의 의사가 명확하게 전달될 수 있도록 만들어져야 하고, 그들이 제품을 만들어가는 과정이 원활하게 이뤄질 수 있도록 만들어져야 한다.

앞서 말한 것처럼 제품을 만들 때는 여러 전문가의 손길이 필요하다. 어떤 기능을 만들지에 대한 고민이 필요하고, 기능을 고객에게 잘 전달할 수 있도록 디자인도 필요하다. 그리고 기능과 디자인을 구현할 수 있도록 개발하는 과정이 필요하다. 한편 그렇게 개발된 제품이 정상적으로 동작하는지, 기획에서 의도한 가치가 잘 전달되는지를 확인하는 QA 작업도 진행된다.

QA(Quality Assurance)는 제품이나 서비스가 기획 의도나 목적에 따라 올바르게 구동하는지 테스트하는 작업이다. 제품이나 서비스에서 이슈나 결함이 있는지 찾아내고, 이를 해결하도록 담당자에게 전달함으로써 제품의 품질을 높인다. 이러한 QA 업무를 수행하는 직무를 QA Engineer 또는 그냥 QA 라고 부른다.

QA는 테스트 계획을 수립하고, 테스트 케이스를 작성하며, 테스트를 직접 시행하는 단계로 업무를 수행한다. 그중 시행 단계를 제외하고는 거의 대부분 기획안의 내용을 토대로 계획을 수립하고 테스트 케이스를 작성한다. QA가 없는 조직이라면 이러한 테스트 케이스를 서비스 기획자가 직접 작성하기도 한다. 제품에 문제가 없도록, 제품의 완성도를 높일 수 있다는 점에서 QA를 제대로 진행하는 것은 생각보다 중요하다. 서비스 기획자가 기획안을 명확하게 작성할수록 QA가 더 명확하게 테스트 케이스를 작성함으로써 전체 제품의 완성도를 높이는 데 기여할 수 있다는 점도 명심하자.

한편 서비스 정책을 수립하는 과정에는 글로만 표현되는 문서도 있고, 글은 전혀 필요 없는 문서도 있다. 또는 글과 그림으로 함께 표현되는 문서도 있다. 여기서는 서비스가 만들어지는 전반적인 프로세스를 살펴보고 이해할 수 있도록 글을 전혀 작성하지 않는 문서라도 내용을 추가했다. 그럼 기획자가 어떤 문서를 만드는지 살펴보자.

01
서비스 기획의 전체 프로세스

아이디어를 서비스로 만들어가는 과정은 서비스 기획이다. 서비스 기획의 각 방법을 설명하기에 앞서 전체 서비스 기획의 프로세스를 정리해보자. 참고로 여기서 설명하는 내용은 인하우스 기획을 기준으로 한다.

문제 정의

어떤 기획의 과정이든 문제를 정의하고 분석하는 과정은 필요하다. 서비스에 녹여낼 기능은 결국 어떤 문제를 해결하기 위한 것이다. 어떤 문제든 결국 서비스나 기능은 무언가를 해결하는 역할을 해야 사용자의 선택을 받고 수익을 창출할 수 있다. 그렇지 않다면 시장에서 외면받는 제품이 될 가능성이 매우 높다.

그래서 기획의 출발점은 언제나 문제를 분석하고 정의하는 것이다. 만약 아직 아무것도 만들어진 것이 없고, 이제 막 시작하는 단계라면 설문조사나 인터뷰를 통해 문제를 발굴해야 한다. 그리고 정말 문제가 맞는지를 검증하는 과정도 거쳐야 한다. 이때는 시간과 비용이라는 리소스가 다소 발생할 수 있다.

만약 이미 만들어진 것이 있고, 사용자도 있다면 사용자의 목소리를 듣기가 상대적으로 수월하다. 플레이스토어나 앱스토어에 올라온 리뷰를 통해서든 고객센터를 통해서든 수많은 사용자의 목소리를 들을 수 있다. 거기서 공통적으로 문제를 제기하는 부분이 있다면 시급성이 높은 문제로 선정해서 기획을 진행할 수 있다.

요구사항 정의

해결할 문제를 정의했다면 문제를 해결하기 위한 요구사항을 정리해야 한다. 요구사항을 정의하는 것은 문제 해결을 위한 솔루션의 윤곽을 그려보는 일이다. 어떤 기능이 있어야 문제를 해결할 수 있을지를 고민하고, 해당 기능이 어떻게 문제를 해결할 수 있을지를 정리한다.

이렇게 정의한 요구사항을 토대로 개발자와 디자이너와 리뷰를 진행한다. 개발자와 해당 요구사항이 우리의 기술력으로 구현 가능한 것인지, 가능하다면 기간이나 비용이 얼마나 발생할지 논의한다. 디자이너와 해당 요구사항이 어떤 모습으로 사용자에게 전달되면 좋을지, 어떤 사용자 가치를 제공할 수 있을지를 논의한다.

기획 정책 수립

서비스 정책을 수립하는 일은 일반적으로는 앞서 요구사항부터 매뉴얼 수립까지의 전 과정을 지칭하기도 한다. 그래서 구분하고자 기획 정책이라는 용어를 사용했다.

이 단계에서는 주로 용어 정의와 공통 정책을 수립한다. 물론 구체적으로 개발되거나 디자인돼 있지 않은 상태이기 때문에 실제 개발 과정에서 수정되거나 추가되기도 한다. 이 단계를 먼저 진행하는 이유는 추후 개발 과정을 원활하게 하기 위해서다.

용어 정의: 어떤 기능에 어떤 명칭을 사용할 것인가?

제품을 만들어가는 팀이 공통적으로 사용할 용어를 정리하는 과정이다. 이를 통해 제품을 개발할 때 발생하는 다양한 커뮤니케이션 상황에서 잘못 이해하는 문제를 미리 방지할 수 있다.

가령 '안내 문구'와 '확인', '취소' 버튼이 포함된 메시지 창에 대해 각각 '컨펌 창', '모달', '팝업'이라고 다르게 표현한다면 실제로 만들어진 제품과 디자인은 기획자가 의도했던 것과 다를 수 있다. 이러한 문제는 용어를 정의하면서 해결할 수 있다.

공통 정책 정의: 서비스의 기본 골격은 어떻게 되는가?

서비스에 공통적으로 적용되는 사항이 있을 수 있다. 가령 회원에 대한 정의나, 상품 판매, 결제 및 환불에 관한 규정과 같은 것들이다. 이러한 공통 사항은 서비스의 기본적인 프로세스나 비즈니스 모델과 연관돼 있기 때문에 기능이 세부적으로 정의되지 않았다 하더라도 사전에 정리할 수 있다.

공통 정책을 정리하면 개발팀에서는 DB 설계나 관련 기술 검토 등을 선제적으로 진행할 수 있다. 그러면 최종 기획안이 나와 본격적인 개발에 착수해서 제품을 개발하는 과정에서 발생하는 시간을 상당 부분 줄일 수 있다.

기능 정의

요구사항 리뷰를 통해 개발이 가능한 요건을 정리했다면 이제 해당 요구사항을 세부적으로 정의해야 한다. 세부적으로 정의한다는 것은 각 기능의 구성요소를 정리하고, 구성요소가 어떻게 동작해야 하는지, 어떤 데이터를 입력하는지, 입력한 데이터 값에 따라 어떤 결과를 노출해야 하는지와 같은 로직을 정리하는 것을 말한다.

IA/순서도 작성

기능 정의가 각 기능을 하나하나 개별적으로 파악하기 위한 것이라면 IA(Information Architecture, 정보구조도)나 순서도(Flowchart)는 전체 구조를 파악하기 위해 작성하는 문서다. 이를 통해 개발자나 디자이너가 작업하기에 앞서 서비스와 서비스의 구조를 이해하기 쉽게 도와준다.

IA는 정보구조도라고 하는데, 트리 형태로 웹사이트의 메뉴 구조를 표현한 것이다. 엑셀로 작업하는 경우가 대부분이며, 사이트 화면이나 메뉴를 기준으로 그룹화하고, 각 화면이나 메뉴를 깊이(Depth) 단위로 분류해서 설계한 문서다.

순서도는 화면흐름도라고도 하는데 기능이나 작업이 처리되는 과정을 기호나 도형으로 도식화한 문서다. 화면이나 기능 단위로 표현하고, 사용자의 제품 사용 동선을 기준으로 제품 프로세스를 도식화한다.

와이어프레임 작성

와이어프레임(Wireframe)은 점과 선 등을 활용해 화면을 간략하게 표현한 것을 말한다. 정의된 각 기능이 화면에 어떠한 모습으로 그려져야 하는지, 어떻게 표현돼야 하는지를 와이어프레임을 통해 구현한다. 예전에는 PPT를 활용해서 작성하는 경우가 많았으나, 최근에는 Adobe XD, Sketch, Figma 같은 디자인 툴을 활용해 작성하는 경우가 많다. 사용법과 기능을 습득하기 어렵지 않으며, 와이어프레임 작성을 위한 여러 플러그인을 제공해서 쉽고 빠르게 그려낼 수 있기 때문이다.

기획자가 작성한 와이어프레임을 토대로 디자이너는 디자인 작업을 진행한다. 다만 최근에는 디자이너가 와이어프레임을 그리는 경우가 많아지고 있다. 기획자가 그려놓은 와이어프레임을 토대로 디자인 작업에 들어가는 경우 기획자가 만들어놓은 프레임에 갇혀 디자이너의 창의성이나 전문성이 드러나지 못하는 경우가 많다. 화면을 그리는 부분은 아무래도 기획자보다는 디자이너가 전문가이기 때문에 와이어프레임 역시 디자이너가 작업하는 경우가 늘고 있다.

화면설계서 작성

화면설계서는 제품을 개발하기 위한 최종적인 기획 산출물이라고 볼 수 있으며, 화면과 화면설명 영역(Description)으로 구성돼 있다. 이제까지 작성했던 기획 산출물로 보자면 와이어프레임(또는 디자이너가 작업한 디자인 화면)과 기능 정의가 합쳐진 형태라고 생각하면 된다. 개발자는 화면설계서를 통해 한 화면에서 어떠한 기능이 존재해야 하는지, 어떻게 동작해야 하는지를 확인할 수 있다.

서비스 운영 정책서/매뉴얼 수립

서비스 운영 정책서 및 매뉴얼은 서비스를 운영해야 하는 내부 직원을 위해 작성하는 문서다. 서비스 운영을 담당하는 내부 직원의 경우 제품 개발 과정에 참여하지 않기 때문에 실제로 개발이 완료된 제품과 제품의 각 기능의 세부적인 내용이나 프로세스에 대해서는 모르는 경우가 발생한다.

제품의 프로세스에 대해 명확하게 파악하고 있지 않은 경우에는 제품을 운영하기 위한 내부 툴이나 기능을 사용하기 어렵고, 고객의 불평이나 문의에 빠르고 정확한 답변을 주기 어려워 고객의 만족도를 떨어뜨리게 된다.

서비스 운영 정책서는 전문 용어를 쓰거나 복잡하게 작성하지 말고 누구나 이해할 수 있도록 쉽고 명확하게 써야 한다. 또한 반드시 목차가 있어야 한다.

읽는 대상이 제품 개발에 대한 전문적인 지식이 부족한 경우가 대부분이고, 고객의 불평이나 문의에 빠르게 답변하기 위해서는 목차를 통해 적절한 답변 및 대응방식을 빠르게 찾아내야 하기 때문이다.

지금까지 설명한 일련의 과정이 서비스 기획의 큰 흐름이라고 볼 수 있다. 이 일련의 과정을 통해 하나의 제품이나 기능이 만들어지고 사용자에게 전달되어 사용된다.

02
우선순위 선정과 백로그

우선순위 선정과 백로그 관리는 기획자나 PM/PO 직무에서 필요한 업무 역량 중 하나다. 제품을 만드는 모든 과정이 시간적이나 비용적으로 여유롭거나 충분한 인력이 있다면 좋겠지만 대부분의 경우에는 이러한 리소스가 부족하다. 그렇기 때문에 팀 내 떠오르는 모든 아이디어나 고객으로부터 나오는 모든 문제를 즉각적으로 해결하기는 어렵다.

제품 개발 과정에서는 언제나 리소스가 부족하기 때문에 제품을 만들기 위해서는 매번 어떤 새로운 기능을 추가할지 고민해야 한다. 이뿐만 아니라 어떤 문제를 해결하는 데 어떤 리소스를 얼마나 투입할지도 고민해야 한다. 이처럼 한정된 리소스를 잘 관리하기 위해서는 우선순위 선정과 백로그를 관리해야 하는데, 이 업무를 수행하는 인원이 바로 PM, PO 또는 기획자다.

백로그(Backlog)는 개발해야 할 기능 또는 제품에서 요구하는 기능과 우선순위를 말한다. 흔히 백로그를 할 일 목록이나 미처 처리하지 못한 것들을 모아두는 것이라고 생각하는 경우가 많은데, 엄밀히 말하자면 이러한 할 일 목록 리스트는 백로그라고 보기 어렵다.

백로그에는 '누가', '어떤 문제'를 겪고 있는지, 그래서 우리가 '문제를', '어떻게 해결'할 수 있을지, 그 문제를 해결함으로써 '얻게 되거나 기대하는 결과'는 무엇인지를 명시해야 한다. 이렇게 백로그를 정리해야 추후 팀에서 백로그를 선정할 때 우선순위를 선정하기가 쉽고, 함께 서비스를 만들 팀원을 설득하기가 쉽다. 그리고 이러한 백로그는 팀에서 주기적으로 논의하고 선정해서 관리할 수 있어야 한다.

백로그를 작성했다면 이제 주기적으로 백로그의 우선순위를 판단해서 개발하는 과정을 거쳐야 한다. 우선순위를 정하는 방법은 여러 가지가 있다. 그중 반드시 하나만 선택해서 진행해야 하는 것은 아니다. 조직마다 적합한 우선순위 선정 방법이 다르고, 여러 방법을 섞어서 활용하기도 한다. 여기서는 자주 사용되는 두 가지 방법을 소개한다.

MoSCow 방법

MoSCow 방법은 백로그를 크게 4가지로 구분해서 우선순위를 정리하는 방법을 말한다. 4가지는 각기 'Must have', 'Should have', 'Could have', 'Won't have'이며, 각 항목의 앞글자를 따서 MoSCow라고 불린다.

> **Must have**: 서비스 운영에서 이 기능을 빼고는 온전한 서비스라고 생각하기 어려운 기준을 말한다. 백로 그 중에서 서비스 자체에 치명적인 영향을 끼치거나 시급성이 높아서 반드시 해결해야 할 기능을 말한다.
>
> **Should have**: 서비스를 운영하는 데 있어서 당장 적용하지 않아도 서비스에 영향이 없는 기능 중 우선순위가 높은 기준을 말한다.
> 해결할 필요성은 분명해서 중요한 기능이지만, Must have에 비해서 시급성이 낮은 기능을 말한다.
>
> **Could have**: 서비스를 운영하는 데 있어서 전혀 영향이 없는 기능 중 우선순위가 낮은 기준을 말한다. 만약 팀에 가용 가능한 리소스가 존재해서 여유가 있을 때 시도해봄으로써 서비스를 더 좋게 만들 수 있는 기준을 말한다. 흔히 '있으면 좋고, 없어도 상관없는' 기준으로 정리되곤 한다.
>
> **Won't have**: 서비스를 운영하는 데 있어서 전혀 영향이 없으며, 우선순위가 가장 낮은 기준을 말한다. 중요도도 떨어지고, 적용했을 때 효과도 아주 미미한 수준의 기능을 말한다.

그림 4.1 MoSCow 방법

RICE 방법

RICE 방법은 백로그에 RICE라는 4가지 항목을 적용해서 점수를 도출함으로써 우선순위를 정리하는 방법을 말한다. RICE의 4가지 항목은 각각 'Reach', 'Impact', 'Confidence', 'Effort'이며, 각 항목의 앞글자를 따서 RICE라고 불린다.

> **Reach**: 얼마나 많은 수의 사용자에게 도달하며, 그들에게 영향이 미치는지에 대한 기준을 말한다. 백로그를 통해서 개발될 기능이 특정 기간 동안에 얼마나 많은 사용자가 사용할 수 있는지를 말한다. 서비스의 실질적인 지표인 일별 활성 사용자(DAU; Daily Active Users)나 월별 활성 사용자(MAU; Monthly Active Users) 같은 수치로 평가할 수 있다.
>
> **Impact**: 도달하게 될 사용자들이 해당 기능을 사용할 때 얼마나 큰 영향을 받게 되는지에 대한 기준을 말한다. Impact는 측정하기에 따라 매우 다르고, 명확한 기준을 수립할 수 없다. 다만 그 영향의 척도를 5단계 정도로 구분해서 상대적인 점수를 부여하는 것이 일반적이다. 예를 들어 '효과가 매우 큼'의 경우 3점, '효과가 큼'의 경우 2점, '효과가 중간'의 경우 1점, '효과가 낮음'의 경우 0.5점, '효과가 매우 낮음'의 경우 0.25점을 주는 식으로 평가할 수 있다.
>
> **Confidence**: 개발하게 될 기능이 성공할지에 대해서 얼마나 확신을 가지는지에 대한 기준을 말한다. PM/PO 또는 기획자로서 만들게 될 기능이 사용자에게 얼마나 만족스러운 가치를 전달하는지에 대한 것이라고 보면 된다. 크게 3단계로 구분해서 점수를 적용한다. '높은 신뢰도'의 경우 100%, '중간 신뢰도'의 경우 80%, '낮은 신뢰도'의 경우 50%를 적용해서 평가할 수 있다.
>
> **Effort**: 백로그를 개발하는 과정에서 시간이나 인력이 얼마나 소요되는지에 대한 기준을 말한다. 시간이나 인력 소요를 토대로 평가할 수도 있으나 계산이 용이하도록 4단계 점수로 적용할 수도 있다. 4단계 점수로는 '매우 큰 수준의 노력'은 4점, '큰 수준의 노력'은 3점, '중간 수준의 노력'은 2점, '적은 수준의 노력'은 1점을 적용해 평가할 수 있다.

그림 4.2 RICE 방법

이렇게 각 항목에 대해 점수를 부여했다면 최종적으로 RICE 점수를 계산해서 백로그에 적용해야 한다. RICE 점수는 'R × I × C / E'의 공식으로 산출할 수 있다. 이렇게 계산한 RICE 점수가 클수록 우선순위가 높은 백로그라고 볼 수 있다.

최근에는 앞에서 소개한 방법만으로 백로그를 평가하기보다는 조직마다 특이한 세부 조건을 추가해서 점수를 산출하기도 한다. 또는 앞서 소개한 바와 같이 여러 개의 우선순위 선정 방법을 혼합해서 사용하기도 한다.

정답은 없다. 무엇보다 중요한 것은 '한정된 리소스'로 '최고의 결과'를 만들 수 있도록 우선순위를 선정하는 것이라고 볼 수 있다.

03

제품 사양 문서/제품 요구사항 정의서

제품 및 서비스를 정의하는 가장 기본적인 문서에는 제품 사양 문서(Product Specification, 이하 'Product Spec')와 제품 요구사항 정의서(Product Requirement Document, 이하 'PRD')의 두 가지가 있다.

Product Spec과 PRD는 전반적으로 유사하다. 차이점이라면 Product Spec 은 제품이라는 큰 범위에 초점이 맞춰져 있고, PRD는 제품에 대한 세부적인 기능에 초점에 맞춰져 있다고 보면 된다. 그래서 Product Spec이 "어떤 제품을 왜 만드는 것인가"라는 질문에 답하는 문서라면, PRD는 "어떤 기능을 왜 만들 것인가"라는 질문에 답한다. 하지만 두 가지 문서를 엄격하게 구분하지는 않고, 내용 또한 비슷하기 때문에 혼용해서 사용하기도 한다.

그리고 대부분의 경우 PRD를 많이 작성하게 되는데, 이는 제품 자체를 새로 정의내리는 경우는 많지 않기 때문이다. 그래서 Product Spec은 생소할 수 있다. 반면 같은 제품이라도 새로운 기능을 추가하거나 기존 기능을 개선하는 경우는 많다. 이러한 경우에는 PRD를 작성하게 된다.

제품 사양 문서(Product Specification, Product Spec)

Product Spec 문서는 제품을 정의하는 가장 기본적인 문서다. 하나의 제품에는 여러 이해관계자가 존재한다. 제품을 만들어야 하는 개발자나 디자이너뿐만 아니라 제품을 사람들에게 알리고 구매할 수 있도록 유도하는 마케터도

봐야 하고, 제품이 얼마나 수익을 창출할지, 어떤 전략을 수립해야 할지를 고민하는 비즈니스 담당자가 볼 수도 있다. 그래서 Product Spec 문서는 여러 이해관계자에게 제품의 목표와 타깃 유저, 제품에 대한 세부 내용을 알려줄 수 있어야 하고, 이를 토대로 조직이 제품에 대한 청사진을 파악할 수 있도록 도와줄 수 있어야 한다.

여러 이해관계자가 보고 이해할 수 있어야 한다는 의미는 모두가 이해할 수 있는 용어를 사용해야 하고, 모두가 이해할 수 있도록 내용을 구성해야 한다는 뜻이다. 그렇다 보니 Product Spec 문서를 작성할 때는 지나치게 기술적인 내용을 담지 않아야 한다. 또한 최대한 간결하고, 명료하게 작성해야 한다.

Product Spec 문서는 초기 제품 또는 새로운 제품을 기획하는 단계에서 작성하게 된다. 이를 통해 제품 개발 및 디자인에 대한 일종의 지침 역할을 하기도 한다. 그리고 이렇게 작성한 Product Spec 문서는 제품을 개발하는 과정에서 발생할 수 있는 다양한 이슈를 처리할 수 있는 근거가 되어 여러 불필요한 장애물을 사전에 미리 제거할 수 있게끔 도와준다.

제품 요구사항 정의서(Product Requirement Document, PRD)

제품 요구사항 정의서는 앞의 Product Spec 문서와 유사하다. 제품의 기능을 기획하는 단계에서 작성하는 문서다. 앞서 Product Spec 문서에서 요구사항에 해당하는 부분을 조금 더 구체화한 문서라고 보는 것이 좋다. 주로 "어떻게 제품 및 서비스를 만들 것"인가보다는 "왜 제품 및 서비스를 만들어야 하는지"에 중점이 맞춰져 있다.

PRD는 기획 문서이지만 제품 및 서비스를 올바르게 만들기 위한 가이드를 제공하는 문서이기도 하다. 이뿐만 아니라 팀이 제품을 만드는 과정을 효율적이고 효과적으로 수행할 수 있도록 돕고 나아가 사용자에게 긍정적으로 좋은 가치를 전달하기 위해 고민하는 과정이기도 하다.

그래서 PRD를 토대로 팀 리뷰를 진행하고, 이 과정에서 의견을 전달하고, 피드백을 받아 아이디어를 보완한다. 보완된 문서를 토대로 최종 리뷰 과정을 거침으로써 새로 진행할 제품의 방향에 대해 팀원 간 이해와 합의를 일궈낸다.

Product Spec 및 PRD 작성하기

Product Spec 및 PRD를 작성하기에 앞서 몇 가지 제품 및 기능에 대한 공통적인 주요 질문을 상정해보자. 우리의 문서는 이 같은 공통적인 주요 질문에 답해줄 수 있어야 한다. 주요 질문은 대체로 다음과 같다.

> 1. 우리가 만들고자 하는 것은 무엇인가?
> 2. 왜 이 제품을 만들어야 하는가?
> 3. 제품 개발을 통해 달성하고자 하는 목표는 무엇인가?
> 4. 목표 달성을 위한 검증 지표는 무엇인가?

그림 4.3 Product Spec 문서 작성 시 주안점을 둘 질문

Product Spec 및 PRD를 구성하는 항목들은 앞에서 언급한 질문의 답을 조금 더 구체적인 내용으로 작성한 것이다. 이제 각 항목을 하나씩 살펴보자.

> **Product Spec / PRD 구성 항목**
>
> **1. 개요**
> 　가. 문제 정의
> 　나. 목적 및 배경(왜 이 제품이 필요한가요?)
> 　다. 주요 사용자(Target User)
> 　라. 유저 스토리/유저 저니맵(고객은 어떠한 행동을 보여줄까요?)
> 　마. 사용자 가치(고객을 위해 어떤 일을 하는 걸까요?)
> 　바. 개발 원칙
> **2. 기회 및 임팩트**
> 　가. 기회
> 　나. 가설
> 　다. 가설 검증 지표
> 　라. 임팩트 예측
> **3. 제품 정의 및 요구사항**
> **4. 마일스톤**
> **5. FAQ**

그림 4.4 Product Spec 및 PRD 구성요소

개요

먼저 개요는 제품을 개발해야 하는 근거를 제시하기 위해 작성한다. 우리가 만들 제품이 어떤 문제를 해결하기 위한 것인지, 제품이 나오게 된 배경은 무엇인지, 문제를 가지고 있는 사용자는 누구인지, 그러한 사용자가 우리의 제품을 어떻게 사용할 수 있을 것인지, 우리의 제품을 사용하면서 사용자가 갖게 될 가치는 무엇인지, 제품을 만드는 과정에서 원칙은 무엇인지를 기재한다.

문제 정의

가장 먼저 어떤 문제를 해결하기 위한 것인지, 그 문제를 정의해야 한다. 문제를 정의하는 과정은 Product Spec 문서를 작성하는 데 있어서 가장 중요한 부분이라고 볼 수 있다. 결국 우리가 만들어갈 제품의 근본적인 존재 이유이기 때문이다.

문제는 어렵게 적기보다는 이해관계자 모두가 공감할 수 있도록 적는 것이 좋다. 또한 뒤에 이어서 작성하게 될 목적 및 배경, 주요 사용자와 이어지는 내용이어야 한다. 결국 문제는 우리의 제품을 사용하게 될 사용자의 니즈를 말하는 것이고, 그 사용자의 니즈를 해결하는 것이 제품을 만드는 목적이자 배경이기 때문이다. 만약 문제 정의와 목적 및 배경, 주요 사용자라는 3가지 항목이 서로 다른 방향을 가리키는 모습으로 작성된다면 제품을 만들어야 하는 설득력이 크게 떨어질 것이다.

문제 정의 예시

1. 비상장 기업의 경우 투자 대상 기업이 어떤 기업인지를 전혀 파악할 수 없는 어려움이 존재합니다.
2. 투자 대상 기업의 과거 투자 이력을 파악하는데 어려움이 존재합니다.
3. 투자 제안을 하는 AC/VC가 어떤 곳인지를 파악할 수 없어 투자 제안을 수락할 때 고민이 됩니다.
4. 투자자가 우리 회사에 적절한 도움을 줄 수 있는지 파악하기 어렵습니다.

그림 4.5 Product Spec 및 PRD 문제 정의 예시

기획자의 글쓰기 _ 서비스 기획자가 지녀야 할 협업과 소통의 글쓰기 스킬

목적 및 배경(왜 이 제품이 필요한가요?)

문제를 정의했다면 이제 제품을 기획하게 된 목적 및 배경을 제시한다. 여기서는 문제가 발생하는 사회적인 배경을 기재해도 되고, 제품의 기획 목적 및 배경을 설명해도 괜찮다. 해당 부분은 우리가 만들고자 하는 제품이 왜 만들어져야 하는지를 설득하는 영역이기 때문이다.

목적 및 배경 예시

1. 투자자와 피투자자가 서로 신뢰할 수 있도록 중간에 정보를 교류할 수 있어야 합니다.
2. 정보 교류를 통해 상호 투자 가치에 대해서 판단할 수 있도록 도와줄 수 있어야 합니다.
3. 피투자자에 대한 충분한 정보를 토대로 투자 결정을 진행할 수 있어야 합니다.
4. 투자자에 대한 충분한 정보를 토대로 투자를 통해 기업을 성장시킬 수 있도록 도와줄 수 있어야 합니다.

그림 4.6 Product Spec 및 PRD 목적 및 배경 예시

주요 사용자

이제 이 문제를 겪고 있는 대상이 누구인지를 기재해보자. 앞에서 기술한 문제를 겪고 있는 대상이 바로 주요 사용자(Target User)가 될 것이다. 주요 사용자를 작성할 때는 단순히 사용자의 형태만 표현하기보다는 어떤 어려움을 겪고 있는 사용자인지를 함께 표현하는 것이 좋다.

다음 예시처럼 '새로운 투자 대상을 찾고 있는' AC/VC와 같이 구체적으로 어떤 어려움을 겪고 있는지를 함께 적는 편이 머릿속에서 상황을 그려보기에 용이하기 때문이다. 그리고 이를 통해 기획안을 읽는 대상자가 주요 사용자와 사용자가 겪고 있는 문제에 공감하기가 수월해진다.

주요 사용자 예시

1. AC/VC
   가. 새로운 투자 대상을 찾고 있는 AC/VC
   나. 투자를 집행하기 전, 투자심사보고서를 작성하기 위해 기업에 대한 정보를 수집해야 하는 투자 심사역
2. 스타트업 대표
   가. 자금이 필요해서 제안서를 보낼 적합한 투자자를 찾고 있는 스타트업 대표
   나. 투자 제안을 받았으나 해당 투자자에 대한 정보가 불명확해서 제안 수락을 망설이고 있는 스타트업 대표

그림 4.7 Product Spec 및 PRD 주요 사용자 예시

유저 스토리/유저 저니맵

유저 스토리(User Story)는 주요 사용자가 문제를 해결하기 위해 행동하는 상황을 묘사한다. 문제를 겪던 시점부터, 우리의 제품을 인식하게 되거나 우리의 제품을 어떠한 방법으로 사용함으로써 문제를 해결하게 되는지 일련의 스토리를 그려보는 것이다.

유저 스토리와 유저 저니맵(User Journey Map)의 모습은 조금 다를 수 있다. 유저 스토리는 어떤 상황에 놓인 유저가 무엇을, 왜 원하는지를 기재한다. 간단하게 표현하자면 'As Who, I Want What, so that'이 된다. 가령 'As a Product Manager, I Want to Write a Product Spec, so that I can make the product'의 형태로 기재하는 것이다. 이를 통해 각 스토리마다 무엇을 만들어야 할지 생각해볼 수 있다.

유저 스토리 예시

1. 투자 심사역
   가. 투자 심사역은 정보 습득 및 리서치를 통해 새로운 투자처를 발굴하고 싶습니다.
   나. 발굴한 잠재적 투자 대상 기업의 세부적인 정보를 습득을 통해 투자 적합성을 검토하고 싶습니다.
   다. 투자 적합 기업에 관한 제반 사항을 확인해서 투자 진행을 위한 투자심사보고서를 작성을 진행합니다.
2. 스타트업 대표
   가. 스타트업 대표는 자금 조달의 필요성을 느껴 투자를 받을 수 있는 투자사를 발굴하고 싶습니다.
   나. 발굴한 투자사가 우리 기업에 투자를 진행하기 적절한지 세부적인 정보를 파악하고 싶습니다.
   다. 투자자의 세부 정보를 토대로 콜드메일/콜드콜을 보내기 위해 사업계획서를 작성하고 싶습니다.

그림 4.8 Product Spec 및 PRD 유저 스토리 예시

유저 저니맵은 유저 스토리를 시간 순서나 타임라인으로 나열한 것으로 생각하면 된다. 유저 저니맵은 사용자가 문제를 해결하는 과정을 몇 가지 단계로 구분해서 작성하게 된다. 가령 사용자는 문제가 존재함을 **인식**하게 된다. 그리고 그 문제를 해결하기 위한 **탐색** 과정을 진행한다. 탐색 과정에서 발견된 여러 제품을 **비교**해보기도 하고 **사용**해보기도 한다. 이후 사용자의 문제를 성공적으로 해결했다면 사용자는 **구매**를 하게 된다. 여기서 각 단계를 정리해보면 '인식 – 탐색 – 비교 – 사용 – 구매'가 될 것이다.

이제 각 단계별로 사용자가 취하게 될 행동과 단계별로 달성하고 싶은 목표, 해당 단계에서 사용자가 느끼게 될 감정, 해당 단계에서 우리의 제품과 맞닿게 될 지점 등을 명시한다. 유저 저니맵은 글로 쓰기보다는 도구를 활용하거나 포스트잇 등을 활용해 작성하는 것이 좋다. 최근에는 유저 저니맵을 단순히 기획안의 보충자료로 사용하기보다는 유저 저니맵을 토대로 백로그를 선정하거나 추후 개발 요건을 선정하는 방법으로 활용하기도 한다.

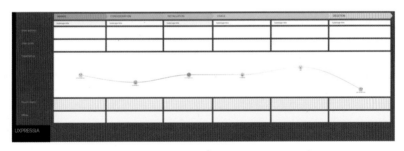

그림 4.9 Product Spec 및 PRD 유저 저니맵 예시[3]

---

3 출처: UXPRESSIA Mobile app User journey 템플릿(https://uxpressia.com/)

사용자 가치(고객을 위해 어떤 일을 하는 걸까요?)

사용자 가치는 사용자가 우리의 제품을 통해 문제를 해결할 수 있는지, 제품으로 무엇을 할 수 있을지, 제품을 통해 어떤 가치를 느낄 수 있는지를 명시한다. 여기서 사용자 가치는 앞서 명시한 문제, 목적 및 배경과 관련이 있는 것이어야 한다.

설령 제품이 사용자에게 전혀 새로운 가치를 제공할 수 있더라도 가급적이면 처음에 의도했던 부분을 만족시킬 수 있는 방안으로 적는 것이 좋다. 앞에서 여러 번 설명했듯이 기획안은 논리적이고 명확해야 한다. 이것도 할 수 있고, 저것도 할 수 있다는 식의 기획안은 논리적이지 못하고, 설득력을 떨어뜨릴 수 있다. 만약 우리가 의도하거나 사용자가 원했던 것은 아니지만 정말 괜찮은 새로운 가치를 기획안에 포함시키고 싶다며 확장성의 측면으로 분리해서 부가적인 목표 또는 지표와 함께 표현하자.

사용자 가치 예시

1. 투자 진행을 위해 필요한 정보를 쉽고 빠르게 제공함으로써 투자 심사역의 업무 효율성을 향상합니다.
2. 투자자의 선호에 부합하는 사업계획서 또는 제안서를 작성함으로써 스타트업 대표의 업무 부담을 경감하고, 투자 가능성을 증대할 수 있습니다.
3. 투자자와 피투자자의 활발한 교류를 통해 건전한 투자 생태계 구축에 기여할 수 있습니다.

그림 4.10 Product Spec 및 PRD 사용자 가치의 예

개발 원칙

사용자 가치까지 작성하고 나면 다음으로 개발 원칙을 작성해야 한다. 개발 원칙은 의사결정이나 개발 가이드가 될 수 있는 원칙을 제시하는 것을 의미한다. 이는 PM이나 기획자가 부재하는 상황에서 개발의 우선순위를 개발자가 스스로 선택할 수 있도록 하기 위해서다. 또한 제품 개발 과정에서 의사결정이 원활하게 이뤄지지 못하는 상황에서는 개발 원칙을 토대로 가장 핵심적으로 구현해야 하는 기능에 리소스를 투입할 수 있도록 유도할 수 있다.

개발 원칙은 중요도가 높을수록 상단 또는 1번에 배치하고 중요도를 기준으로 내림차순으로 기재하는 것이 좋다.

개발 원칙 예시

1. 투자자와 피투자자 간 정보 교류를 위한 핵심 기능 구현을 최우선으로 진행합니다.
2. 피투자자(기업) 정보를 제공할 수 있어야 합니다. 초기 기업 정보 DB를 구축하는 과정은 운영 업무를 통해 수기로 진행할 수 있습니다.
3. 투자사 정보를 제공할 수 있어야 합니다. 초기 투자사 정보 DB를 구축하는 과정은 운영 업무를 통해 수기로 진행할 수 있습니다.
4. 추후 기업 정보를 자동으로 수집할 수 있는 시스템을 구축할 수 있어야 합니다.

그림 4.11 Product Spec 및 PRD 개발 원칙의 예

기회 및 임팩트

기회 및 임팩트는 현재 시장에 어떤 기회가 있는지, 어떤 제품이 트렌드가 되고 있는지, 주요 통계자료나 데이터는 어떠한지 등을 토대로 작성한다. 여기서 우리 제품을 통해 사용자가 어떤 행동을 하게 될지를 기재하고, 그 행동을 통해 어떤 임팩트가 세상에 나올 수 있을지를 표현하게 된다.

기회

기회는 우리가 만들 제품의 제반 환경을 의미한다. 시장 환경이 될 수도 있고, 사회적 분위기가 될 수 있고, 기술의 발전이나 정부의 정책이 기회가 될 수도 있다. 보통 많이 쓰이는 방식으로 시장 환경 분석의 일환인 SWOT 분석[4]이나 STP[5]와 같은 방식으로 기재하기도 하나, 최근의 트렌드나 정부 정책, 사회적인 분위기 등을 간단하게 기재할 수도 있다.

---

4 강점(Strength), 약점(Weakness), 기회(Opportunity), 위협(Threat)의 앞글자를 모아 만든 단어. 기업 내부의 요인인 강점과 약점을 분석하고, 기업 외부의 요인인 기회와 위협을 분석함으로써 경영 전략을 수립하기 위한 분석 도구
5 시장 세분화(Segmentation), 표적 시장 선정(Targeting), 위상 정립(Positioning)의 앞글자를 모아 만든 단어. 주로 마케팅에서 사용하는 전략의 일환

1. 사회적 관심도 증대

   가. 20-30 세대의 주식 시장 관심도가 증가하고 있습니다.

   나. VC 생태계가 활성화되고, 스타트업에 대한 사회적 관심이 높아짐에 따라 비상장 기업에 대한 정보 수요가 증가하고 있습니다.

2. 통계 데이터

   가. 증권사에서 분석한 2011년도 2030 연령층 주식 계좌 보유 비율

   나. 증권사에서 분석한 2021년도 2030 연령층 주식 계좌 보유 비율

그림 4.12 Product Spec 및 PRD 기회 예시

가설 및 가설 검증 지표

고객이 겪을 문제를 기반으로 이를 해결할 수 있는 제품을 만든다고 해도 무조건 성공할 수 있는 것은 아니다. 우리 제품이 사용자에게 적합한 해결책이 아닐 수도 있고, 때로는 우리가 선정한 문제가 실제로 고객의 문제가 아닐 수도 있다. 이뿐만 아니라 우리 제품으로 수익을 창출하기 위해 어떠한 방법으로 기능을 구성해야 할지, 제품에 어떤 매력적인 요인들을 더할 수 있을지를 끊임없이 고민해야 한다. 이를 위해서는 가설을 수립하고, 이를 검증하는 과정을 거쳐야 한다.

여기서 중요한 부분은 시장에서 우리의 제품이 고객의 문제를 명확하게 해결할 수 있는 것인지, 우리의 제품으로 수익을 창출할 수 있을 것인지는 제품을 출시해서 고객이 직접 사용해보기 전까지는 검증하기 어렵기 때문에 이렇게 가설을 수립함으로써 빠르게 검증하고, 해결 방안을 모색하기 위한 과정이라는 점이다.

만약 우리의 가설이 검증 지표의 통과 기준에 적합하지 못해서 실패한 가설이라는 판단이 들면 재빠르게 다음 행동을 정해야 한다. 사용자가 겪고 있는 문제가 무엇이었는지 명확하게 다시 검증해 본다거나 제품의 디자인이나 기능

을 개선 및 보완할 수도 있고, 어쩌면 제품이나 기능의 피봇(다른 사업 모델로 전환하는 과정)을 진행하는 결정이 필요할 수도 있다.

가설 및 가설 검증 지표 예시

1. 가설

　가. 스타트업에 대한 정보를 파악하기 위해 가입하는 투자자가 존재할 것이다.

　나. 투자자에 대한 정보를 파악하기 위해 가입하는 스타트업 관계자가 존재할 것이다.

　다. 투자자와 피투자자의 성향을 고려해서 매칭해주면 투자에 성공하는 횟수가 증가할 것이다.

　라. 투자 적합도를 분석해서 제공한다면 투자자가 투자를 검토하고 미팅을 진행하는 횟수가 증가할 것이다.

2. 가설 검증 지표

　가. 투자자로 가입하는 계정의 수가 000건 이상인 경우 가설 검증에 성공한 것으로 판단합니다.

　나. 스타트업 관계자로 가입하는 계정의 수가 000건 이상인 경우 가설 검증에 성공한 것으로 판단합니다.

　다. 1개월 간 플랫폼을 통해 투자에 성공하는 횟수가 n건 이상인 경우 가설 검증에 성공한 것으로 판단합니다.

　라. 1개월 간 플랫폼을 통해 투자자와 피투자자가 미팅 진행 후 IR 자료를 전송하는 횟수가 n건 이상인 경우 가설 검증에 성공한 것으로 판단합니다.

그림 4.13 Product Spec 및 PRD 가설 및 가설 검증 지표 예시

임팩트 예측

임팩트 예측은 우리의 제품이 가져올 경제적, 사회적 가치를 의미한다. 또는 사용자가 우리의 제품을 통해서 얻게 될 가치를 의미하기도 한다. 특히 전자의 경우는 Product Spec, 즉 제품 자체를 정의하는 과정에서 기재하는 경우가 많고, PRD 문서에서는 작성하지 않는다. 후자의 경우는 PRD 문서에서 특히 많이 작성하게 되는데, 이는 사용자가 얻게 될 임팩트의 크기에 따라 우리 제품의 주요 지표가 올라가거나 떨어지기 때문이다.

경제적, 사회적 가치를 작성하는 경우 둘을 구분해서 작성하는 것이 좋고, 명확하게 수치로 제공하는 것이 효과적이다. 두 가지를 모두 적을 필요는 없으나, 최근에는 사회적 가치나 ESG에 대한 관심이 높아지고 있으며 가치 소비의 형태로 제품을 구매하는 경우가 많아지고 있어 어떤 제품을 만들 때 사회적 가치를 고려하는 것이 좋다.

1. 찾기 어려운 비상장 기업에 대한 정보를 제공함으로써 투자사의 정보 탐색 리소스를 00% 감소시킵니다.

2. 투자자에 대한 정보를 제공함으로써 투자 사기 방지를 00% 증대합니다.

3. 투자사와 피투자자 간 정보 교류 횟수를 00% 증대합니다.

4. 국내 투자 생태계를 활성화함으로써 투자 진행 횟수를 00% 증대합니다.

그림 4.14 Product Spec 및 PRD 임팩트 예측 예시

제품 정의 및 요구사항

제품 정의 및 요구사항은 제품의 구체적인 형태를 제시하고, 제품을 구성하기 위한 기능 및 기술 요건을 기재한다. 이를 토대로 개발 및 디자인팀과 논의를 통해 구현 가능한 요인들을 산출하며, 비즈니스팀과는 제품이 나아가야 할 방향 및 전략을 도출할 수 있다. 또한 이 과정에서 더 나은 제품이 나올 수도 있고, 더 나은 기술 방안이 제시될 수 있다.

제품 정의 및 요구사항 예시

1. 제품 정의: 투자자와 피투자자가 게시판, 채팅 등을 통해 정보를 교류할 수 있는 플랫폼 구축

2. 요구사항

　가. 투자사 및 스타트업 관계자로 구분해서 회원가입 및 로그인을 진행할 수 있어야 합니다.

　나. 투자자 및 스타트업 관계자를 인증할 수 있어야 합니다.

　다. 게시판 기능을 사용할 수 있어야 합니다.

　라. 투자자와 스타트업 관계자가 채팅 기능을 통해 교류할 수 있어야 합니다.

　마. 투자자와 스타트업 관계자가 서로 파일을 주고받을 수 있어야 합니다.

그림 4.15 Product Spec 및 PRD 제품 정의 및 요구사항 예시

마일스톤

마일스톤은 제품을 만들어가기 위한 일정을 제시한다. 글로 제시하는 경우도 있지만, 일반적으로는 타임라인으로 볼 수 있도록 간트차트와 같은 것을 토대로 구성한다.

마일스톤 예시

1. 회원가입 기능 구현
   가. 일정: 2021. 6. 7 ~ 2021. 6. 12
      1) 기술 검토: 2021. 6. 7 ~ 2021. 6. 8
      2) 요구사항 분석/정의: 2021. 6. 8 ~ 2021. 6. 9
      3) 와이어프레임: 2021. 6. 9 ~ 2021. 6. 10
      4) 개발 착수: 2021. 6. 10 ~ 2021. 6. 12
   나. 담당자
      1) 기획: 기획자 A
      2) 디자인: 디자이너 B
      3) 개발: 프런트엔드 개발자 C / 백엔드 개발자 D

그림 4.16 Product Spec 및 PRD 마일스톤 예시

FAQ

FAQ는 Product Spec 문서를 토대로는 파악하기 어려운 사항이나 각 팀에서 제품에 대해 궁금해할 수 있는 부분을 사전에 미리 고민해서 작성하는 부분이다.

FAQ 예시

1. 채팅을 요청하거나 수락하는 주체가 누구인가요?
   ➡ 채팅 제안 및 수락은 투자자, 피투자자 모두가 가능해야 합니다.
2. 예상 질문: 회원가입 시 투자자, 스타트업 관계자 인증은 어떻게 진행해야 하나요?
   ➡ 사업자 등록증 또는 재직증명서를 이메일로 제출받아 인증을 진행합니다.

그림 4.17 Product Spec 및 PRD FAQ 예시

하나의 제품 또는 서비스를 만들 때는 여러 전문가의 손길이 필요하다. 어떤 기능을 만들지에 대한 고민이 필요하고, 기능을 고객에게 잘 전달할 수 있도록 디자인이 필요하다. 그리고 기능과 디자인을 구현할 수 있도록 개발하는 과정이 필요하다. 그렇게 개발된 제품이 정상 동작하는지, 기획에서 의도된 가치 전달이 잘 이루어지는지를 확인하는 QA도 필요하다.

우리는 이 과정을 빠트리지 않고 의사 전달이 명확하게 될 수 있도록, 그래서 제품을 만들어가는 과정이 원활하게 이뤄질 수 있도록 문서를 만들고 이를 토대로 업무를 진행한다. 서비스 기획자는 각 전문가들이 주어진 업무를 파악하고, 기획 의도에 맞춰 자신들의 역량을 마음껏 발휘할 수 있도록 문서를 만들어낼 수 있어야 한다.

또한 Product Spec 및 PRD는 반드시 완전히 완성된 상태로 리뷰를 진행하지 않아도 괜찮다. 즉, 앞서 제시한 모든 부분을 작성해야만 다음 단계로 넘어갈 수 있는 것이 아니다. 기본적인 논의의 토대를 마련하고, 이를 팀원들과 리뷰하면서 부족한 부분을 보완하고 새로운 아이디어를 도출하는 것이다. 그리고 기획에서 요구하는 제품 요구사항에 대한 실제 구현 가능 여부를 타진하기도 하고, 현실적인 방안을 수립하기도 한다. 이렇게 리뷰의 과정을 거쳐 최종적인 PRD가 도출되면 이제 제품을 실제로 구현하기 위한 세부 기획으로 진입한다.

금융 시장의 정보 비대칭성을 해결하기

개요

1. 문제 정의 / 배경
   - DLF 사태, 옵티머스 펀드 등 소비자 기만 행위가 시장 내 팽배
     - 고령층의 경우 투자 적합성에 부합되지 않으나 막무가내 식 투자 권유 행위 존재
   - 금융 상품에 대한 국민적 이해도가 매우 저조
   - 복잡하기 알기 어려운 금융 용어 → 전문가도 이해가 어려움
   - 시장 내 정보의 비대칭성 문제가 존재
2. 목적(Why)
   - 일반 소비자가 이해하기 쉬운 언어로 금융 상품을 설명할 수 있어야 합니다.
   - 이를 토대로 금융 상품에 대한 국민적 이해도를 향상할 수 있어야 합니다.
   - 은행, PB 등 전문가를 통해서만 정보를 습득할 수 있는 것이 아니라, 다른 경로로도 금융 관련 정보를 손쉽게 파악할 수 있어야합니다.
3. 주요 사용자(Target User)
   - 사회 초년생
   - 65세 이상의 고령층
4. 사용자 가치(기대 효과)
   - 사용자가 권유받는 상품에 대한 명확한 이해를 토대로 위험도를 판단할 수 있어야 합니다.
   - 금융 상품에 대한 이해도를 향상함으로써 사용자가 스스로 판단하여 투자를 선택할 수 있어야 합니다.
   - 사용자가 투자를 결정하기 전, 해당 상품에 대하여 명확하게 인지할 수 있어야 합니다.
5. 제품 개발 원칙

그림 4.18 제품 요구 사항 정의서(PRD) 예시

내가 생각하는 수없이 멋지고 번뜩이는 아이디어를 기획안에 녹여냈다. 이제 개발자와 디자이너에게 기획안을 전달하는 리뷰 시간이다. 그런데 리뷰를 시작한 지 얼마 되지 않아 혼돈과 분노의 감정에 휩싸이게 됐다.

내가 작성한 기획안에는 구현하기 어렵다는 개발자의 답변이 가득했고, 어떻게 표현하길 바라는지 알 수 없다는 디자이너의 답변이 가득했기 때문이다.

이러한 답변을 받게 된 이유는 기능의 실현 가능성도 고려하지 않았고, 기존 서비스와 방향성도 맞지 않았기 때문이다. 마지막에는 명확하게 무엇을 개발해달라는 건지, 어떤 기능인지 파악할 수 없다는 답변을 듣고서 좌절에 빠졌다. 수없이 많은 "No!"와 물음표를 남긴 리뷰 시간을 마치고 나서 나는 기획안을 새로 작성해야 했다.

개발자나 디자이너와 최초 커뮤니케이션을 하기 위해서는 '요구사항 정의서(Software Requirements Specification)'를 작성해야 한다. 요구사항 정의서는 제품이나 서비스에 어떤 기능이 필요하고, 왜 필요한지, 각 기능에는 어떠한 내용(데이터)이 노출돼야 하는지를 담은 문서다.

해당 문서를 토대로 개발자는 서비스에 어떤 방식으로 해당 기능이 동작할지 떠올리고, 우리 서비스나 기술력으로 구현이 가능한지, 개발에 필요한 인력이나 시간을 가늠하게 된다. 또한 디자이너 역시 서비스에 해당 기능을 어떻게 녹여낼지, 어떻게 표현해야 할지를 가늠하고 작업하게 된다.

공식적인 문서 양식은 딱히 없다. 물론 일반적으로 들어가야 하는 항목들은 있지만 반드시 작성해야 하는 것은 아니다. 무엇보다 중요한 건 요구사항을 조금이라도 더 빠르게 협업자들이 파악할 수 있게 하는 것이다. 요구사항 정의서를 통해 협업자들이 무엇을 개발해야 하는지, 개발이 가능한지 사전에 확인하고 준비할 수 있게 해야 한다. 요구사항 정의서에 포함해야 할 내용은 다음과 같다.

1. **요구사항 ID**: RQ-SignUp-001
2. **시스템 구분**: Front / Admin 등
3. **요구사항 명칭**: 소셜 로그인 기능
4. **요구사항 설명**: '구글, 페이스북, 애플, 네이버, 카카오톡' 등 소셜 로그인 기능을 통해 로그인 및 회원가입을 간단하게 진행할 수 있습니다.
5. **기능 신규 여부**: 신규
6. **작성자**: June
7. **작성 날짜**: 2021. 5. 4
8. **작성 버전**: Ver 1.0.0
9. **개발 수용 여부**: Y

그림 4.19 요구사항 정의서 항목 및 예시

요구사항 정의서는 개발자나 디자이너가 읽고 판단해야 하기 때문에 복잡한 용어를 쓰거나 비슷한 용어를 서로 다르게 사용하는 것은 좋지 않다. 또한 개발자나 디자이너가 최초로 보게 되는 문서이기 때문에 요구사항 정의서에는 가급적 간단한 용어, 일관성 있는 용어로 명시함으로써 빠르고 명확하게 인지할 수 있게 해야 한다. 가령 동일한 팝업 액션을 모달, 토스트 메시지 등 각기 다른 명칭으로 표현해서는 안 된다.

요구사항 ID는 회사에서 사용하는 규칙에 맞춰 기재한다. 만약 회사 내 규칙이 정해져 있지 않다면 협업자들과 함께 일종의 규칙을 정의해서 작성한다. RQ(Request)-001 같이 요구사항을 구분하는 기호와 일련번호만 기재하거

나 예시와 같이 RQ(Request)-SignUp(기능명)-001과 같이 요구사항과 기능명, 일련번호를 기재하기도 한다.

시스템 구분은 해당 요구사항을 구현해야 하는 영역을 의미한다. Front/Admin처럼 구분하기도 하고 화면 단위로 기재하기도 한다.

요구사항 명칭과 설명은 어떤 기능이, 어떠한 사용자 경험을 제공할 수 있는지 기재하는 영역이다. 요구사항 설명은 구체적이고 자세하게 적기보다는 개발자나 디자이너가 해당 요구사항을 개발하거나 디자인할 수 있을지를 판단하고, 더 나은 방향을 제시할 수 있는 여지를 주는 방향으로 작성해야 한다.

가령 "구글, 페이스북, 카카오톡의 소셜 로그인 기능을 추가해서 로그인 및 회원가입이 되어야 합니다."와 같이 무조건 해당 방식으로만 구현해야 한다는 표현은 반감을 살 수 있다. 앞서 예시에 기재한 바와 같이 "로그인 및 회원가입을 간단하게 진행할 수 있도록 소셜 로그인 기능을 도입할 수 있습니다."와 같이 왜 해당 기능을 요구하는지를 제시함으로써 해당 기능이 왜 요구되는 것인지를 기재하는 것이 좋다. 비단 구글, 페이스북, 카카오톡의 소셜 로그인 기능이 아니더라도 더 나은 방안을 제시할 수 있도록 여지를 주는 것이다.

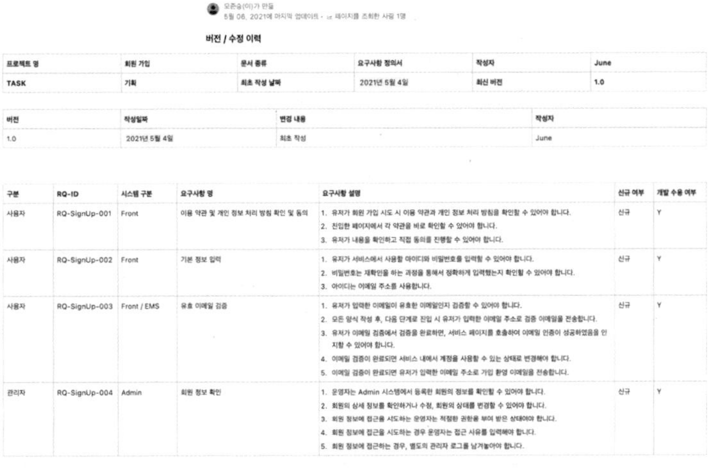
회원 가입 기능

오준승(이)가 만듦
5월 06, 2021에 마지막 업데이트 · 페이지를 조회한 사람 1명

버전 / 수정 이력

프로젝트 명	회원 가입	문서 종류	요구사항 정의서	작성자	June
TASK	기획	최초 작성 날짜	2021년 5월 4일	최신 버전	1.0

버전	작성일짜	변경 내용	작성자
1.0	2021년 5월 4일	최초 작성	June

구분	RQ-ID	시스템 구분	요구사항 명	요구사항 설명	신규 여부	개발 수용 여부
사용자	RQ-SignUp-001	Front	이용 약관 및 개인 정보 처리 방침 확인 및 동의	1. 유저가 회원 가입 시도 시 이용 약관과 개인 정보 처리 방침을 확인할 수 있어야 합니다. 2. 진입한 페이지에서 각 약관을 바로 확인할 수 있어야 합니다. 3. 유저가 내용을 확인하고 직접 동의를 진행할 수 있어야 합니다.	신규	Y
사용자	RQ-SignUp-002	Front	기본 정보 입력	1. 유저가 서비스에서 사용할 아이디와 비밀번호를 입력할 수 있어야 합니다. 2. 비밀번호는 재확인을 하는 과정을 통해서 정확하게 입력했는지 확인할 수 있어야 합니다. 3. 아이디는 이메일 주소를 사용합니다.	신규	Y
사용자	RQ-SignUp-003	Front / EMS	유효 이메일 검증	1. 유저가 입력한 이메일이 유효한 이메일인지 검증할 수 있어야 합니다. 2. 모든 양식 작성 후, 다음 단계로 진입 시 유저가 입력한 이메일 주소로 검증 이메일을 전송합니다. 3. 유저가 이메일 검증에서 검증을 완료하면, 서비스 페이지를 호출하여 이메일 인증이 성공하였음을 인지할 수 있어야 합니다. 4. 이메일 검증이 완료되면 서비스 내에서 계정을 사용할 수 있는 상태로 변경해야 합니다. 5. 이메일 검증이 완료되면 유저가 입력한 이메일 주소로 가입 환영 이메일을 전송합니다.	신규	Y
관리자	RQ-SignUp-004	Admin	회원 정보 확인	1. 운영자는 Admin 시스템에서 등록한 회원의 정보를 확인할 수 있어야 합니다. 2. 회원의 상세 정보를 확인하거나 수정, 회원의 상태를 변경할 수 있어야 합니다. 3. 회원 정보에 접근을 시도하는 운영자는 적절한 권한을 부여 받은 상태여야 합니다. 4. 회원 정보에 접근을 시도하는 경우 운영자는 접근 사유를 입력해야 합니다. 5. 회원 정보에 접근하는 경우, 별도의 관리자 로그를 남겨놓아야 합니다.	신규	Y

그림 4.20 요구사항 정의서 예시

05
기능 정의서

요구사항 정의를 통해 실제 구현이 가능한 개발 요건을 파악했다면 이제는 해당 내용을 좀 더 구체화하는 작업이 필요하다. 이럴 때 작성하는 것이 기능 정의서다.

우선 각 요구사항을 기능 단위로 쪼갠다. 이후 각 기능을 정의하고, 동작을 설명함으로써 기능을 구체적으로 어떻게 구현해야 하는지를 설명한다. 앞서 작성한 요구사항은 개발자 및 디자이너가 제품 및 기능을 바라보는 첫 단계로 프로젝트의 방향성을 파악하기 위한 것이었다면 기능 정의서는 개발자가 본격적으로 개발을 시작하기 위해 마주하게 되는 문서다.

기능 정의서를 작성할 때 유의할 점은 최초 요구사항을 정의할 때 나온 구현 가능성을 충분히 염두에 두고, 어떻게 구현할지보다는 사용자의 어떤 동작에 대해 어떤 결과를 노출해야 하는지에 초점을 맞춰야 한다는 것이다.

요구사항을 정의할 때 나오지 않은 내용이라도 반영할 수 있지만 추가되는 사항에 따라 개발 리소스가 추가로 투입되거나 기술적으로 불가한 경우가 발생할 수 있다. 또한 일반적으로는 기획자보다는 개발자가 '어떻게' 개발할 수 있을지, 즉 기술적인 구현 부분을 더 잘 파악하고 있기 때문에 기능을 어떻게 구현할지에 중점을 두기보다는 어떻게 동작해야 하는지, 어떤 사용자 경험을 제공할 수 있을지에 중점을 두고 작성해야 한다. 기능 정의서에 포함해야 하는 내용은 다음과 같다.

1. **기능 ID**: F-SIU-001

2. **시스템 구분**: Front / Admin 등

3. **페이지(Depth)**: 회원 가입 페이지

4. **기능 명칭**: 소셜 로그인 및 회원가입

5. **기능 설명**: 소셜 로그인은 구글, 페이스북, 애플 로그인으로 구현합니다.

6. **작성자**: June

7. **작성 날짜**: 2021.5.4

8. **작성 버전**: Ver 1.0.0

9. **개발 수용 여부**: Y

그림 4.21 기능 정의서 항목 및 예시

어떤 방식으로 작성해도 상관없지만 버전 관리와 작성자, 작성 날짜, 업데이트 날짜는 별도로 작성한다. 해당 페이지의 히스토리를 한눈에 파악하기 용이하기 때문이다. 다만 여러 명이 함께 작성하는 경우에는 작성자와 업데이트 날짜는 각 기능에 별도로 작성하는 것이 좋다. 누가 작성했는지를 알면 해당 기능에 대해 문의가 생기는 경우 담당자를 빠르게 찾아갈 수 있기 때문이다.

버전 및 수정 이력의 경우 관리할 수 있는 양식을 만들어 준다. 파워포인트나 엑셀로 작성할 때도 마찬가지다. 버전 및 수정 이력을 관리하지 않으면 나중에 어떤 부분이 수정됐는지, 초기 기획과 달라진 부분이 무엇인지도 파악하지 못해 프로젝트가 점점 산으로 가게 된다. 또한 프로젝트는 혼자 진행하는 게 아니다. 만약 변경된 부분들을 기재하지 않으면 하지 않기로 했던 부분이 덜컥 개발됐다고 나온다거나, 기획이 바뀌었는데도 초기 기획에만 포함됐던 기능이 나와버릴 수 있다.

기능 정의서에는 기능 ID, 시스템 구분, 페이지, 기능 명칭, 기능 설명 정도만 작성해서 개발자와 소통한다. 하지만 회사 프로세스 또는 프로젝트의 필요에 따라 예외 처리가 추가되기도 하고, 기능 설명도 더 세분화하는 경우도 있다. 엑셀이나 컨플루언스(Confluence)[6] 같은 툴을 활용해 작성한다.

---

6 https://www.atlassian.com/ko/software/confluence

ID는 각 기능별로 부여한다. ID는 고유한 번호로서 하나의 기능에 하나의 ID 만 부여한다. ID를 부여하는 이유는 나중에 해당 ID를 토대로 기능을 파악하 거나 쉽게 검색하기 위해서이며, 의사소통 과정에서도 다소 긴 명칭 대신 ID 를 이용해 명확하게 의사를 전달하기 위해서다. 기능 ID를 부여하는 방법은 딱히 정해진 것은 없고, 회사 내에서 규칙을 수립하면 된다.

F - XXX - 000

| Function: 기능 | 알파벳 3개: 기능명 요약 | 3자리 숫자: 기능별 일련번호 |

예시) F-SIU-001(Function-SignUp-001): 회원가입의 첫 번째 기능

그림 4.22 기능 ID 부여 예시

시스템 구분은 앞서 요구사항 정의서와 동일하지만 페이지에 해당하는 부분 은 웹 또는 앱 서비스가 조금 상이하다. 웹에서는 페이지 구조를 나누는 방식 으로 기재했으며, 앱에서는 해당 기능이 위치하는 페이지를 명시했다. 페이지 를 기재하는 이유는 해당 기능이 어디서 구현되는지 표현하기 위해서다.

기능 설명은 유저에게 보이는 영역인 프런트엔드 영역과 유저에게 보이지 않 는 백엔드 영역을 구분해서 작성한다.

> **프런트엔드 영역**: 컴포넌트 종류, 문구, 표기 방법(시간 또는 지역 등), 각 부분이 동작하는 방식, 페이지 이 탈 또는 이동 등 화면에 보이는 부분들을 위주로 기재
>
> **백엔드 영역**: 화면에 표시되는 정보/정보의 종류, 유저 행동에 따라 어떤 정보를 나타내고 처리하게 되는 지, 유저가 입력한 데이터는 무엇인지, 유저가 입력한 데이터에 따른 출력 값은 어떻게 되는지를 기재

그림 4.23 기능 설명 예시

이제 지금까지 작성한 기능 정의서를 토대로 개발자와 리뷰를 진행하는 시간 을 가지면 된다. 물론 여전히 개발자와의 소통은 꽤 어렵다고 느껴질 수 있다. 기획자가 아무리 많은 고민을 하고, 내용을 충분히 작성했다고 생각해도 개발

자들은 "No!"를 외치는 경우도 많고, 꽤나 자세한 설명을 요하는 경우도 있기 때문이다.

하지만 개발자들이 하기 싫어서 그러는 건 절대 아니다. 기획이나 디자인에서는 간단한 작업, 별거 아닌 작업일지라도 개발자에게는 꽤나 큰 작업이 될 수도 있다. 시스템을 유지해야 하고, 변경 시 어떤 상황이 터질지 모르기 때문에 개발자 입장에서는 가급적이면 잘 진행되고 있는 시스템을 건드리고 싶지 않기 때문이다.

이뿐만 아니라 기획자가 생각하지 못했던 부분이나 더 자세한 내용을 요구하는 경우에도 마찬가지로 기능에 대해 전체적으로 구조를 짜고, 설계하는 데 필요하기 때문이다. 이러한 이유로 기획자는 종종 개발자와 짧거나 긴 미팅을 가지는 것이 좋고, 개인적인 1:1 미팅 또한 수시로 가지는 편이 좋다. 이러한 시간을 활용해서 만들고자 하는 기능의 구현 가능 여부, 시스템 적용 가능성을 계속해서 이야기하는 것이 개발자와의 커뮤니케이션을 진행할 때 도움이 될 수 있다.

기능 정의서

모춘승(이)가 만듦
5월 06, 2021에 마지막 업데이트 · ᴜᴋ 페이지를 조회한 사람 1명

버전 / 수정 이력

프로젝트 명		회원 가입	문서 종류		기능 정의서		작성자		June
TASK		기획	최초 작성 날짜		2021년 5월 4일		최신 버전		1.0

버전	작성일자	변경 내용		작성자
1.0	2021년 5월 4일	최초 작성		June

RQ-ID	시스템 구분	페이지	기능 명	기능 설명	
F-SIU-001	Front	로그인 페이지	아이디 / 비밀번호 입력	1. 유저가 로그인을 시도하기 위해 아이디와 비밀번호를 입력할 수 있어야 합니다. 2. 아이디 및 비밀번호 입력창에는 PlaceHolder 또는 Hint를 통해 각 내용을 구분할 수 있어야 합니다. 3. 아이디와 비밀번호가 모두 입력될 경우 로그인 버튼을 활성화합니다. 4. 로그인 버튼 선택 시, 아이디 및 비밀번호가 회원정보와 일치하는 지 확인합니다. - 회원정보와 일치하는 경우 "로그인 성공" 메시지를 노출한 후, 메인 페이지로 이동합니다. - 회원정보와 일치하지 않는 경우 "로그인 실패" 메시지를 노출한 후, 기존 입력사항을 초기화합니다.	
F-SIU-002	Front	로그인 페이지	소셜 로그인	1. 유저가 소셜 로그인을 통해 회원 가입했던 경우 해당 기능을 통해 로그인할 수 있어야 합니다. 2. 구글, 페이스북, 카카오톡 소셜 로그인이 가능해야 합니다. 3. 각 소셜 로그인 아이콘 선택 시, 해당 SNS의 로그인 API를 호출합니다. 4. 소셜 로그인 정보가 회원정보와 일치하는지 확인해야 합니다. - 회원정보와 일치하는 경우 "로그인 성공" 메시지를 노출한 후, 메인 페이지로 이동합니다. - 회원정보와 일치하지 않는 경우 "로그인 실패" 메시지를 노출한 후, 해당 SNS API를 통해 회원가입을 진행할 수 있도록 유도합니다.	
F-SIU-003	Front / EMS	회원 가입 페이지	서비스 이용 약관 및 개인정보 처리방침 동의	1. 유저가 회원 가입하기 버튼을 선택한 경우 약관 동의 페이지로 이동합니다. 2. 약관 동의 페이지에서 각 약관에 대하여 체크 박스를 통해 동의 의사를 표시할 수 있어야 합니다. - 체크 박스 + 약관을 모두 읽고 확인하였으며, 이에 동의합니다. 3. 각 약관 옆 별도 약관에 대하여 체크 박스를 통해 동의 의사를 표시할 수 있어야 합니다. 4. 유저가 동의한 사항을 해당 유저의 DB에 보관해야 합니다. 5. 필수 약관에 모두 동의하였을 경우 다음 단계 버튼을 활성화 해야 합니다.	

그림 4.24 기능 정의서 예시

06
순서도

기능 정의서와 화면설계서가 하나하나의 기능이나 화면들을 세부적으로 정리한 문서라면 전체적인 큰 그림을 그려 넣은 무언가도 있어야 하지 않을까? 전체를 봐야 각각의 세부사항들이 존재해야 하는 이유와 어떤 사용자 경험을 만들어내는지를 이해할 수 있을 테니 말이다.

순서도는 이름에서 알 수 있듯이 어떤 기능이나 서비스, 또는 프로젝트의 처음부터 끝까지를 한 번에 볼 수 있게 나타낸 문서다. 순서도는 간단한 도형(상자)과 선 또는 화살표를 이용해 어떤 문제에 대한 솔루션을 그림으로 나타낸 것이다. 전체적인 기능의 흐름과 작업 순서를 파악할 수 있기에 반드시 작성해야 할 문서 중 하나다.

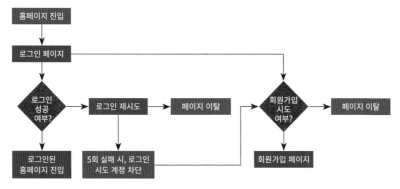

그림 4.25 순서도 예시

아무리 멋들어지게 말하거나 열심히 그림을 그려도 일시적으로 "아~" 하면서 이해할 뿐이다. 모든 요소를 기억해낼 수도 없을뿐더러 기획자가 의도한 방향으로 기능이나 서비스를 구축하려면 큰 그림을 보여줄 수 있어야 하기 때문이다. 그리고 그렇게 큰 그림을 그릴 때 서비스의 전체 흐름을 시각화하는 용도로 제작하는 것이 순서도다.

순서도는 기획자가 구상한 제품 프로세스를 디자이너나 개발자가 이해하기 쉽도록 전달하는 것이자 내부 구성원에게 서비스를 공유하고 이해를 돕기 위해서도 필요하고, 기획자 스스로에게도 서비스의 구성을 정리하기 위해 필요하다.

순서도를 그릴 때는 유저의 입장에서 겪을 수 있는 상황들을 가정해서 그려 넣는 것이 좋다. 실제 서비스를 이용하게 되는 것도 유저이고, 유저 입장에서의 순간순간들을 고민해야 어떤 기능이나 화면이 필요한지, 각 의사결정 과정에서 어디에서 어디로 가야 하는지를 파악하기에 용이하기 때문이다.

순서도를 그리는 법은 매우 간단하며, 이를 도와주는 도구들도 많다. 보통 텍스트가 기재된 네모상자나 마름모(또는 다이아몬드 형태), 선(또는 화살표)으로 표현한다. 네모상자는 일반적인 처리 단계 또는 유저의 상태를 의미한다. 반면 마름모 상자는 유저가 의사결정을 내려야 하는 경우를 나타낸다.

각 도형에는 상황을 텍스트로 기재한다. 네모상자에서 출발하는 경우에는 선(또는 화살표)만 그려 넣고, 마름모 상자에서 출발하는 경우는 선(또는 화살표)에 "Yes or No"와 같이 유저가 결정을 내려야 하는 요인들을 기재한다. 그리고 만약 순서도에 일반적으로 사용되는 방식이 아닌 추가적인 요소를 사용하게 된다면 어떤 내용을 의미하는 것인지 반드시 해당 요소에 대해 기재해야 한다.

순서도를 기획자만 작성하는 것은 아니다. 개발자도 데이터의 흐름을 표현하거나 시스템이 동작하는 과정을 시각화할 때가 있다. 그래서 개발자가 주로 사용하는 구성과 기획자가 주로 사용하는 구성이 혼재하는 경우가 있다. 같은 도형이라도 개발자가 사용하는 방식과 기획자가 사용하는 방식이 다를 수 있다. 그래서 범례를 만들어 각 도형이나 색이 무엇을 표현하는지 알려줘야 한다.

이제 순서도를 완성했다면 별도의 리뷰 시간을 통해 구성원 간에 공유하거나 기획안의 맨 앞에 배치해서 전체적인 흐름을 공유할 수 있게 하면 된다.

07
와이어프레임

서비스를 구상하다 보면 아무리 설명하고 글로 잘 정리해도 상대방이 이해하지 못하는 경우가 반드시 생긴다. 그래서 기획자의 머릿속에 존재하던 이미지를 간단하게 그려서 보여주는데, 이를 와이어프레임이라고 한다.

와이어프레임은 기획자가 생각하는 서비스의 모습을 간략하게 그려 넣은 것을 의미한다. 최근에는 많은 모바일 서비스가 생겨나고 이에 따라 UI 표준화가 많이 이뤄졌고, 다양한 도구가 출시되어 와이어프레임을 좀 더 완성도 높은 형태로 제작할 수 있게 됐다.

뒤에 나올 기획 산출물의 내용 중에 화면설계서라는 것이 있다. 이후에 더 자세히 설명하겠지만 와이어프레임은 화면설계서에서 이미지를 넣는 영역에 해당한다. 다음과 같이 와이어프레임에 설명을 덧붙이면 하나의 화면설계서가 된다. 그리고 이를 토대로 디자이너와 개발자가 기획자가 의도한 바대로 결과물을 만들어내는 것이다.

그림 4.26 화면설계서 내 와이어프레임 작성 예시

최근에는 와이어프레임을 손쉽게 만들 수 있게 도와주는 도구가 많이 출시되어 쉽고 빠르게 와이어프레임을 그릴 수 있다. 다만 처음부터 완성도 높게 만들려는 노력은 하지 않았으면 한다. 처음 만들 때부터 고도화해서 만들게 되면 더 발전되지 않는 모습을 보여주는 경우가 많다. 즉, 부족한 부분이 많은 화면인데도 완성도에 갇혀 더는 발전시키지 않게 되어 버리는 것이다. 그래서 처음 그리는 와이어프레임은 날것 그대로가 좋다. 이를테면, 손으로 그리는 핸드 스케치부터 시작하는 것이다. 이를 LFW(Low Fidelity Wireframe) 또는 Lo-FI Wireframe이라고 한다.

낮은 수준의 와이어프레임(LFW; LOW Fidelity Wireframe)

낮은 수준으로 와이어프레임을 시작하면 크게 두 가지 이점이 있다. 시간 및 자원을 절약하고, 아이디어를 확장할 수 있다는 것이다. 펜과 노트만 있으면 바로바로 작성할 수 있기 때문에 시공간의 제약 없이 작성 가능하다. 그리고 복잡하게 수정할 필요가 없기 때문에 수정사항이 발생하거나 새로운 의견이 등장하면 바로 반영하는 것도 가능하다. 이 두 가지 이점 때문에라도 반드시 낮은 수준의 와이어프레임을 작성하는 것을 권장한다.

그림 4.27 낮은 수준의 와이어프레임

낮은 수준의 와이어프레임으로 아이디어를 그려냈다면 다음은 이 아이디어를 보기 좋게 다듬는 작업이 남았다. 이제 컴퓨터에서 쓸 수 있는 각종 툴을 이용해 손으로 그려 넣은 화면들을 보기 좋고 깔끔하고 일관성 있게 바꿔보자.

중간 수준의 와이어프레임(MFW; Mid Fidelity Wireframe)

중간 수준의 와이어프레임은 조금 보기 좋게 다듬는 수준이라고 보면 된다. 아무렇게나 그려 넣은 낮은 수준의 와이어프레임에서 레이아웃을 맞추고, 영역 및 글자 포인트, 이미지 위치 등을 조정하는 작업이다.

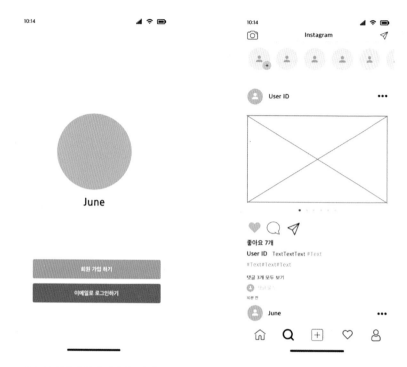

그림 4.28 중간 수준의 와이어프레임

높은 수준의 와이어프레임(HFW; High Fidelity Wireframe)

높은 수준의 와이어프레임은 완성본에 가깝게 그려내는 것이다. 사실상 목업에 가까운 이미지인데, 기획자는 보통 이 정도로 높은 수준까지는 만들지 않는다. 만드는 데 시간도 많이 소요될뿐더러 디자이너가 훨씬 이쁘고, 아름답고, 직관적이게 보이게끔 만들어주기 때문이다.

기획자가 와이어프레임을 완벽하게 구현할 필요까지는 없지만 본인이 생각한 바를 다른 사람에게 보여주기 위해서 반드시 작성해야 하는 것임에는 틀림없다. 그리고 와이어프레임을 작성할 때 너무 공을 들여 오와 열을 맞춰가며 화면을 그리기보다는 빠르고 알아보기 쉽게만 그려 넣으면 된다는 점을 잊지 말자. 간혹 너무 완벽하게 그려내려고 신경 쓰곤 하는데, 결과적으로 시간은 시간대로 쓰고 디자이너의 창의성이 묻히는 결과가 발생하기도 한다. 물론 팀이나 회사마다 와이어프레임의 수준을 요구하는 정도는 조금씩 다르기 때문에 각자의 상황에 맞게 그려내면 된다.

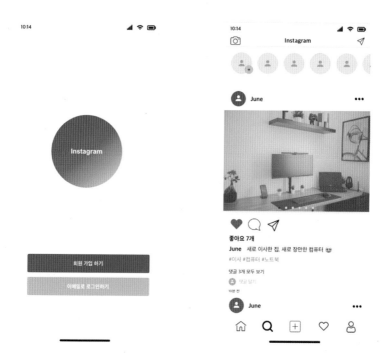

그림 4.29 높은 수준의 와이어프레임

08

화면설계서

화면설계서는 화면을 어떻게 표현할지를 그려놓은 와이어프레임과 기능을 구현하기 위해 작성했던 기능 정의서를 합쳐놓은 것이라고 볼 수 있다. 하나의 화면을 그려보고, 그 화면에서 구현되는 기능을 기능 정의서에서 가져와 기재하는 것이다.

이를 통해 기획자가 구상한 앱의 화면이 어떤 형태로 존재하는지를 디자이너에게 전달할 수 있고, 해당 화면이 어떠한 형태로 어떠한 동작을 수행하는지를 개발자에게 전달할 수 있다. 다만 최근에는 와이어프레임을 디자이너가 작업하는 경우가 많아 디자이너가 작업한 와이어프레임을 리뷰하는 시간을 별도로 가지기도 한다.

이러한 경우 별도의 화면설계서가 아니라 디자인된 화면을 볼 수 있는 피그마, 스케치, Adobe XD 같은 툴에 디스크립션을 직접 삽입하는 스토리보드의 형태로 개발자에게 전달하는 경우가 많다. 화면설계서에 포함해야 하는 내용은 다음과 같다.

1. **화면 ID**: S-BCN-001

2. **화면 명칭**: 내비게이션탭_브런치

3. **화면 경로**: 브런치 앱 실행 앱 내 각 화면 햄버거 메뉴

4. **화면(Wireframe)**

5. **디스크립션(Description)**

6. **작성자**: June

7. **작성 날짜**: 2021. 5. 4

8. **작성 버전**: Ver 1.0.0

그림 4.30 화면설계서 항목 예시

화면설계서를 작성할 때는 추가로 진행해야 하는 작업이 있다. 단순히 화면을 넣는 곳에는 서툴게 그려본 와이어프레임을 넣기만 하는 것이 아니라 화면에 존재하는 각 컴포넌트들을 하나하나 분리하는 작업이다.

분리한 각 컴포넌트에는 숫자나 알파벳처럼 구분자를 추가함으로써 디스크립션에서 설명하기 쉽게 작업한다. 둘 중 하나만 사용해서 통일감 있게 화면설계서를 작성해도 무방하지만 개인적으로는 숫자와 알파벳을 모두 사용하는 것을 권장한다. 이는 보는 사람에게 더 명확하게 설명하기 위해서다.

숫자와 알파벳은 유저가 특정 컴포넌트를 선택하거나 터치했을 때 동작이 발생하는지를 기준으로 구분한다. 가령 아무 동작도 하지 않는 요소라면 숫자로, 동작이 있는 요소라면 알파벳으로 구분할 수 있다. 이는 화면설계서를 보게 되는 각 이해관계자들이 본인들의 영역에 해당하는 부분들을 빠르게 캐치하고, 구현을 위해 더 고민할 수 있도록 하게 하기 위해서다.

화면 경로는 현재 작성하고 있는 화면에 도달하기까지의 경로를 기재하는 영역이다. 이때 모든 경로를 기재하는 것이 좋다. 그럼 개발하는 데도 도움이 되고, 나중에 QA를 진행할 때도 좋다.

화면은 와이어프레임을 추가하는 영역이다. 앞의 화면설계서에서 넣은 화면은 원활한 이해를 위한 예시이기 때문에 이미 디자인이 돼 있는 화면이다. 디자인이 어느 정도 돼 있는 와이어프레임이면 좋지만 사실 와이어프레임은 손그림의 형태로 나오기도 하고 네모박스, 원, 텍스트 박스 등 기본적인 구성만 갖춘 모습일 때도 있다.

중요한 점은 화면을 구성하는 컴포넌트를 쪼개어 공들여 작성함으로써 디스크립션에서 설명할 수 있게 만드는 것이다. 그래야 디자이너도 개발자도 이해하고 결과물을 만들어낼 수 있는 좋은 기획서가 된다.

디스크립션은 화면에 대한 설명, 컴포넌트에 대한 설명을 기재하는 영역이다. 앞서 컴포넌트를 동작 여부를 기준으로 구분했다. 그래서 동작하지 않는 영역에 대해서는 해당 컴포넌트를 설명하는 정도만 작성했고, 동작하는 영역에 대해서는 기능/동작에 대해 상세히 기재한다. 이때 때로는 기능 정의서에 있는 내용들을 그대로 가져와서 디스크립션에 기재하기도 한다. 동작에 대한 부분을 기재할 때는 특히 다음 사항에 유의해서 작성한다.

1. 어떤 기능(동작)인지
2. 사용자 액션(Input)은 무엇인지
3. 사용자 액션의 세부 내용은 무엇인지
4. 사용자 액션에 따른 기능(Output)은 무엇인지

그림 4.31 디스크립션 작성 시 고려할 점

디스크립션에 대한 이해를 좀 더 돕기 위해 회원가입을 위한 아이디를 입력하는 단계를 가정해보자. 아이디 입력만 해도 꽤나 많은 정보가 필요하다. 설명을 위해 간단히 적어보면 다음과 같다.

1. ID 입력 상자

가. 유저가 사용할 ID를 입력하는 영역입니다.

나. 입력 가능한 데이터: 한글, 영문, 숫자, 특수문자

    1) 입력 가능 바이트(또는 글자 수): 최대 20바이트

    2) 20바이트 초과 시: 20바이트 초과 부분은 입력되지 않아야 합니다.

다. 입력 상자 내 힌트 노출: "ID를 입력해주세요."

라. 중복 체크 여부 및 표현 방법

    1) 텍스트 박스 하단에 중복 여부 표현

    2) 중복 상황 발생 시

        가) 노출 문구: "ID 사용이 불가능합니다."

        나) 노출 문구는 빨간색 등 색상으로 표기해서 유저에게 명확하게 전달해야 합니다.

    3) 사용 가능한 ID 입력 또는 중복 상황에서 사용 가능 상황으로 전환 시

        가) 노출 문구: "ID 사용이 가능합니다."

        나) 노출 문구는 초록색 등 색상으로 표기해서 유저에게 명확하게 전달해야 합니다.

마. 빈(Empty) 영역 선택 시: 키보드 호출 입력을 유도합니다.

그림 4.32 화면설계서 내 디스크립션 작성 예시

화면설계서를 완성했다면 디자이너와 개발자와 리뷰를 진행하자. 이렇게 만들어진 화면설계서는 최종적으로 개발된 결과물이 나오기 전까지 앱을 만들어가는 방향성을 제시하고, 기획한 요인들이 잘 반영됐는지 하나하나 체크할 수 있는 유용한 문서가 된다.

그림 4.33 화면설계서 예시

09

정책서

정책이란 일반적으로 정부·단체·개인이 앞으로 나아갈 노선이나 취해야 할 방침을 의미한다.

정책

위키백과, 우리 모두의 백과사전.

> w 위키백과의 정책에 대해서는 위키백과:정책과 지침 문서를 참조하십시오.
>
> 다른 뜻에 대해서는 정책 (고려) 문서를 참고하십시오.

정책(政策)은 결정 사항을 안내하고 합리적인 결과를 수행할 수 있게 하는 원칙이나 규율을 가리킨다. 사전적 의미로는 정치나 정무를 시행하는 방침이다. 이 용어는 실제로 끝난 것을 가리키는 데에는 잘 쓰이지 않고, 절차나 의정서를 가리키는 것이 보통이다. 정책이 "무엇"과 "왜"를 포함하지만, 절차나 의정서는 "무엇", "어떻게", "어디서", "언제"를 포함한다.

정치
• 피통치자의 동의
• 나라별 정치

그림 4.34 '정책'의 정의(출처: 위키백과)

정책서는 이러한 내용을 담은 문서를 말한다. 서비스 기획에서의 정책 또한 크게 다르지 않다. 서비스를 정의하고, 서비스가 나아가야 할 방향과 어떻게 나아갈 수 있을지 정의한다. 또한 서비스를 이용하는 유저에게 동일한 사용자 경험을 제공하기 위해 서비스를 운영하기 위한 기준을 정리한다.

정책서는 서비스를 구성하는 근간이자 뼈대다. 어떤 서비스인지, 어떤 기능을 구현해야 하는지, 어떤 사용자 경험을 제공할 것인지, 사용자의 문의나 요청에는 어떻게 대응할지 모두 정책서를 기반으로 만들어진다.

기획에서 작성하게 되는 정책서를 구체적으로 살펴보면 제품에 대한 정의를 내린 서비스 정책서, 어떻게 만들지에 대한 제품 개발 정책서, 제품을 운용하기 위한 운영 정책서가 있다. 앞에서 설명한 기획 문서들은 제품 개발 정책서의 일종이다. 또한 서비스 정책과 운영 정책을 한 번에 정리하는 경우도 있다.

정책서에서는 반드시 포함해야 하는 내용을 설명하기보다는 꼭 신경 써야 하는 부분을 고민하는 것이 좋다. 서비스에 따라 정책서에 포함되거나 포함되지 않아도 괜찮은 것들이 천차만별이기 때문이다.

다만 꼭 신경 써야 하는 부분은 크게 두 가지다. 먼저 정책을 수립할 때는 보편적으로 이해할 수 있는 용어를 사용해 간결하게 표현하는 것이 좋다. 예를 들어, 게시판에 공지사항 글을 작성할 수 있는 권한을 우수 회원이라는 회원 상태에만 적용하는 정책을 수립한다고 가정해보자. "게시판에 공지사항 글을 쓸 수 있으려면 유저가 회원가입을 완료하고 3일 이상 출석을 체크하고 댓글을 1회 이상 작성한 우수 회원이어야 합니다"라고 작성하면 상당히 복잡해 보인다. 이 경우 게시판 글쓰기 권한과 회원 상태를 구분해서 작성하는 것이 좋다. 즉, 다음과 같이 작성하면 누구나 빠르게 게시판 글쓰기 권한을 파악할 수 있다.

> 1. 일반 게시판 글쓰기는 정회원부터 작성이 가능해야 합니다.
> 2. 비회원 또는 준회원이 글쓰기 기능 진입 시 '권한 안내' 페이지를 노출합니다.
> 3. 공지사항 글쓰기는 우수 회원부터 가능해야 합니다.
> 4. 회원 구분
>   가. 비회원: 회원가입을 시도하지 않은 유저
>   나. 준회원: 회원가입을 진행했지만, 인증이 완료되지 않은 유저
>   다. 정회원: 회원가입을 진행했으며, 본인 인증까지 완료한 유저
>   라. 우수 회원: 정회원인 유저가 출석 체크 3회 이상, 댓글 작성 1회 이상 진행한 경우

그림 4.35 게시판 글쓰기 권한 정책 예시

정책서는 개발자가 읽을 수도 있고, 서비스를 운영하는 담당자가 읽을 수도 있으며, 마케팅을 담당하는 사람이 읽을 수도 있다. 이러한 상황에서 누구나 쉽게 서비스의 정책을 파악할 수 있어야 한다.

이러한 이유로 일반적으로 쓰이는 용어를 토대로 작성하고, 문장 구조를 간결하게, 핵심적인 내용을 명확하게 파악할 수 있게 해야 한다. 기획자가 본인만 아는 용어를 사용해서 작성하거나 전문적인 용어를 사용하거나 장황하게 설명한다면 정책서를 올바르게 이해하기 어렵다.

모든 정책을 한 번에 완벽하게 작성할 수는 없다. 관계 법령이 바뀌어 수정해야 하는 경우도 있고, 개발하는 과정에서 미흡한 부분이나 미처 신경 쓰지 못했던 부분을 발견해서 정책을 수정하는 경우도 있다. 서비스를 출시했더라도 서비스 방향에 따라 기능이 수정되어 바뀌는 경우도 있고, 고객의 피드백을 수용해서 서비스를 개선하는 상황에서도 정책을 수정할 수 있다.

오히려 정책을 업데이트하지 않는 경우가 잘못이다. 하지만 앞에서 설명했듯이 서비스의 근간이자 뼈대가 곧 정책서이기 때문에 정책서를 작성할 때면 꼼꼼하게 빠뜨리는 부분이 없도록 신경 써서 작성해야 한다. 개발이 한참 진행되고 있거나 개발이 완료되는 시점에 정책을 수립하거나 수정하게 되면 수정된 정책을 반영하는 과정에서 많은 리소스가 필요하기 때문이다. 이렇게 되면 서비스를 출시하는 일정이 밀리거나 서비스를 출시하더라도 고객들의 불편함을 초래할 수 있다.

서비스 정책서

서비스 정책서란 서비스가 무엇인지를 정의하고, 어떤 기능을 통해 서비스를 고객에게 보여줄 것이며, 해당 기능은 어떤 구조인지를 전반적으로 정리한 문서다. 이러한 이유로 서비스 정책서는 회사의 서비스 방향과 전략, 비즈니스 구조를 반드시 반영해야 한다. 서비스 정책은 주요 기능에 대한 모듈 단위로 구성하는 것이 좋다. 예를 들면, 회원 정책, 주요 용어, 주요 기능, 상품 정책, 환불 정책 등이 있다.

서비스 정책서는 서비스를 정의하는 문서로서 개념을 정립하고, 서비스의 범위나 서비스 구조 또는 기능을 정의하는 문서다. 따라서 제품 개발에 착수하기 전에 수립하는 경우가 일반적이다. 서비스 정책에 따라 개발 방향성이 수립되기도 하고, 서비스 정책에 부합할 수 있도록 요구사항을 구상할 수 있기 때문이다.

물론 서비스를 개발하는 과정에서 기능에 대한 정책 사항들은 수없이 수정된다. 또한 서비스 정책을 수립하지 않았다고 하더라도 개발자가 기능을 구현할 수는 있다. 기능에 대한 정책은 비교적 큰 어려움 없이 수정 가능하지만, 회원 정책과 같은 서비스의 근간에 해당하는 정책은 추후 변경될 경우 상당히 많은 리소스가 뒤따르는 어려움이 생기곤 한다.

가령 서비스의 회원가입 기능을 개발하는 과정을 예로 들어보자. 회원가입을 진행하는 과정에서 비밀번호 규칙을 변경했을 때는 바로 수정이 가능하다. 프런트엔드에서 특정 규칙에 대한 부분을 추가하거나 수정하기만 하면 되기 때문이다. 기존 회원의 경우에도 변경 유도를 진행할 수는 있지만 서비스 이용에 크게 제한이 생기는 요인은 없다.

반면 회원가입 시 수집하는 사용자의 정보를 추가하거나 삭제하는 경우는 꽤 까다롭다. 회원 정보 DB에 대한 데이터 구조를 변경하거나 회원 정보 DB를 다시 설계해야 하는 다소 큰 작업이 될 수 있기 때문이다. 이뿐만 아니라 회원 정보 수집에 대한 사항이 변경되면 개인정보처리 방침이나 서비스 이용약관을 변경하게 되기 때문에 사용자에게 해당 내용을 안내해야 한다. 또한 프로필 정보 제공 등 기존 수집 정보를 활용하는 기능이 존재하는 경우 회원 정보 DB가 바뀌게 되면서 일부 기능을 사용하는 데 오류가 발생하는 경우가 생길 수 있다.

회원 정책

회원 구분

1. 비회원 : 회원가입을 진행하지 않은 상태
2. 준회원 : 회원가입은 진행하였으나, 메일 인증을 완료하지 않은 상태
3. 정회원 : 회원가입을 완료하였으며, 메일 인증을 완료한 상태
4. 우수 회원 : 정회원 또는 결제 회원 중 가입 후 1년 후에도 Active인 유저
5. 결제 회원 : 정회원 유저 중 1회라도 결제를 진행한 유저
6. 휴면 회원 : 준/정회원 유저가 마지막 Active 한 날로부터 1년간 접속하지 않은 경우
   - 휴면 전환 30일 전 이메일로 휴면회원 전환을 고지해야 함
   - 정회원 시 회원의 상태를 회원 상세페이지에서 확인할 수 있어야 합니다.
     - 상세 페이지 내 유저 과거 기록을 기재하는 영역에 추가
7. 탈퇴 회원 : 휴면 회원으로 전환된 시점으로부터 4년간 접속하지 않은 경우
   - 탈퇴 처리 30일 전 이메일로 탈퇴 예정일을 고지해야 함
8. 회원의 상태는 추가 가능해야 함

그림 4.36 서비스 정책 내 회원 정책 예시

운영 정책서

운영 정책서는 서비스를 운영할 때 필요한 기준이나 규칙을 정리한 문서다. 고객의 문의나 환불에 대한 케이스를 정리해서 프로세스를 구성하기도 하고, 내부 직원들의 업무 프로세스를 정의하기도 한다. 또한 고객지원 업무나 운영 업무를 원활하게 하기 위해 기능이 어떤 방식으로 동작하게 되는지 정리하기도 한다.

따라서 운영 정책서를 작성할 때는 회사의 운영 인력, 구조와 같은 운영 프로세스를 고려해서 작성해야 한다. 운영 정책서에 작성하는 운영 기준이나 규칙은 간단하고, 명료하게 작성해야 한다. 그래서 고객지원 담당자가 바뀌거나 운영자/관리자가 변경되더라도 고객에게 항상 일관된 사용자 경험을 제공할 수 있어야 한다.

운영 정책서는 서비스의 주요 기능이 구현 완료되고 큰 기능의 수정이 필요 없어지는 시점에 작성한다. 서비스가 구현된 모습을 토대로 사용자의 사용 환경을 예상해 보고 이슈가 발생할 수 있는 부분에 대한 대처방안을 준비할 수 있기 때문이다.

운영 정책서 또한 신규 기능이 추가되거나 기존 기능이 수정되거나 또는 사용자 경험을 처리하는 과정에서 수정되거나 추가되는 등 수없이 수정될 수 있다. 이렇게 수정되는 운영 정책의 경우 서비스 정책이나 개발 정책에 다시 반영되어 각 정책을 좀 더 고도화하는 데 사용될 수 있다.

개인정보 파기

개인정보 파기 로직

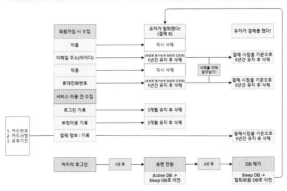

개인정보 파기 세부 내용

- 이메일 주소 : 삭제 요청 또는 탈퇴 시점으로부터 1년 보관 후 삭제
  - 결제 유저의 경우 결제 시점일을 기준으로 5년 간 보관 후 삭제
- 휴대전화번호 : (복호화가 불가능한 일방향 암호화(해시처리)) 삭제 요청 또는 탈퇴 시점으로부터 1년 보관 후 삭제
  - 결제 유저의 경우 결제 시점일을 기준으로 5년 간 보관 후 삭제
- 직종 : 삭제 요청 또는 탈퇴 시점에 즉시 삭제
- 로그인 기록 : 삭제 요청 또는 탈퇴 시점으로부터 3개월 보관 후 삭제
- 부정이용 기록 : 삭제 요청 또는 탈퇴 시점으로부터 3개월 보관 후 삭제

그림 4.37 운영 정책서 예시

기획자 다이어리

개발을 얼마나 알아야 하는 걸까?

코딩, 프로그래밍, 알고리즘을 얼마만큼 알아야 하느냐는 질문은 기획자가 되어서도 매번, 늘 고민하던 부분이었다. 함께 제품을 만들어가는 사람들에게 제품의 당위성을 설명하거나 제품이나 기능을 개발할 때 스케줄을 산정하는 데 있어 당당하게 이야기하고 싶었기 때문이다.

매번 힘들게 기획안을 작성해서 미팅에 들고 가도 일정의 촉박함 또는 개발의 어려움, 기존 제품과의 안정성 등 여러 이유로 제품이나 기능을 만들어내기가 어렵거나 가능하지 않다는 이야기를 듣는 경우가 많았고, 그렇게 기획안을 수정하거나 어떻게든 되게 하려고 설득하는 과정들이 정말 힘들었다.

이 과정은 프로젝트를 아무리 여러 번 수행해도 수월했던 적이 없었다. 나는 내가 노력해서 조금이라도 더 개발자를 이해하고, 조금이라도 더 쉬운 방법들을 찾아내서 제품을 성공적으로 수월하게 만들어가고 싶었다.

사실, 공부를 하지 않아도 괜찮다. 프로젝트를 진행하면서 제품 및 서비스를 만들다 보면 어느 정도 이해할 수 있다. 함께 팀을 꾸려 제품을 만들어나가는 만큼, 많은 대화를 나눌 수 있고, 그러다 보면 자연스럽게 공부하게 되고 이해하게 된다.

다만 나는 그 기간을 단축하고 싶었고, 빠르게 개발자들을 이해하고 팀에 기여하는 바를 높이고 싶었다. 그래서 주말에 시간을 내어 개발을 공부하고, 인터넷 강의를 구매해서 출퇴근할 때마다 수강했다. 그렇게 알음알음 개발에 대한 지식을 쌓고 나니 개발자들과 이야기할 때 전보다는 수월하게 이해할 수 있었고, 어떤 지점이 문제가 되는지 대략 이해할 수 있었다.

좀 더 엄밀히 따지자면 개발자가 하는 모든 이야기를 알고 이해하는 것은 아니다. 다만 어떤 지점에 어떤 어려움이 있어 해결하는 데 시간이 필요하다거나 리소스가 부족하다고 이야기하는지 알게 됐다.

물론 공부한다고 하더라도 어느 정도 시행착오는 생기기 마련이고, 여전히 이해하기 어려운 영역은 분명 있다. 여전히 부족하다 생각하고, 여전히 많은 대화를 나눌 때 이해하지 못하는 영역은 있다. 그렇다고 개발자가 되려고 하지 않는 이상, 더 공부하기보다는 공부했던 내용을 토대로 우리 제품에 해당하거나 필요한 내용을 파악하는 것이 중요하다.

우리 제품의 핵심적인 기술이 무엇이고, 이 기술을 구현하는 데는 어떤 어려움이 있는지, 우리 제품을 만들어나가기 위해 개발팀이 가지고 있는 기본적인 개발 콘셉트는 어떻게 되는지는 파악할 수 있어야 한다. 그래서 이를 토대로 개발자의 이야기를 이해하고 기획자가 함께 일하는 또 다른 협업자들, 이를테면 디자이너나 마케터 같은 다른 팀원에게 설명할 수 있을 수준은 되는 것이 좋다.

확실히 공부하지 않았을 때보다는 공부를 하고 난 후가 업무를 수행하기가 수월했다. 제품을 기획하는 데 새로운 시각을 가지고 여러 방면으로 고민할 수 있게 됐을뿐더러 개발자와 커뮤니케이션하는 데도 시간이 단축되어 전체적인 제품 구현의 속도도 빨라졌다. 실제로도 개발자가 나에게 어떤 부분들을 설명해줄 때 수월해졌다고 피드백해주기도 했다. 전반적인 업무 효율성을 증대할 수 있기에 개인적으로 개발에 대한 지식을 습득하는 것을 강력하게 권장한다.

다만 우선적으로는 우리 제품에 해당하는 기술이 무엇인지를 파악하고, 이와 관련한 지식을 습득하는 것이 중요하다. 개발을 배우겠다고 마음먹었다면 학원이든 인터넷 강의든 방법은 많다. 일단 배워보자.

기획자 다이어리

가설과 실험, 검증

앞서 Product Spec 문서나 PRD에서 가설과 핵심지표, 가설검증에 대해 이야기했다. 사실 최근 가설과 가설 검증을 진행하는 부분은 스타트업이 PMF(Product Market Fit)를 찾거나 제품의 성장(Growth)을 달성하는 측면에서 매우 중요하고 비중 있게 다뤄지고 있다. 가설과 실험을 통해 제품을 성장시킨다는 의미인 그로스 해킹(Growth Hacking)을 전문적으로 수행하는 그로스 해커(Growth Hacker)라는 직무가 존재하기까지 한다.

가설과 실험, 그로스 해킹과 같은 주제를 명확하게 파악하려면 린 스타트업(Lean Startup)이라는 개념을 알아야 한다. 린 스타트업은 이름에서 알 수 있듯이 도요타의 린 제조 방식에서 창안된 전략이다. 에릭 리스(Eric Ries)가 처음 소개한 이 전략은 "가설 수립 – MVP 테스트 – 수정 / 보완 – 출시"의 사이클을 반복적으로 수행함으로써 시장에서 성공하는 제품을 만들어내는 전략이다.

MVP는 Minimum Viable Product의 약자로, 완벽한 제품이나 서비스가 아닌, 최소 요건만을 충족하는 프로토타입을 의미한다. MVP 제품을 만들어 시장에 출시해보고, 여기서 오는 피드백을 다시 제품에 반영해서 또 시장에 출시해보는 방식이다. 이를 통해 실패 시 리스크를 줄이고, 시장으로부터 빠르게 평가를 받는다. 린 스타트업 방법론에서는 가설과 실험, 검증이라는 단계를 끊임없이 반복한다. 이 과정에서 나오는 데이터를 모아서 분석하고 전략을 수립함으로써 성공하는 제품을 만드는 것이다.

급속 실험

가설과 실험, 가설 검증이 중요한 이유는 션 앨리스(Sean Ellis)와 모건 브라운(Morgan Brown)이 쓴 《진화된 마케팅 그로스 해킹》(골든어페어, 2017)이란 책을 보면 알 수 있다. 이 책의 4장 '급속 실험'에서는 2007년 배일러 베어즈 대학 풋볼팀의 사례가 나온다. 매번 최하위를 기록하던 팀이 새로운 코치를 영입하고 난 후 엄청난 성장을 일궈냈다. 이러한 전환 키 포인트는 '허들 없이 빠른 공격을 펼쳐 상대의 의표를 찌르는 새로운 방법', 즉 상대가 경기의 속도를 따라잡기 힘들게 만드는 것이었다. 이렇게 함으로써 팀은 게임마다 공격 기회를 상대 팀보다 13번 더 가질 수 있었다. 그리고 이는 한 시즌당 다른 팀에 비해 2번의 게임을 더 한 셈이었다. 결과적으로 팀은 어떤 플레이가 어떤 조건에서 잘 먹히는지 빠른 실험(플레이)을 통해 배우게 된 것이다.

회사에서도, 서비스에서도 역시 빠른 실험을 통해 빠르게 배울 수 있다. 책에서는 정말 단순하게 빠르고, 많이 실험함으로써, 즉 절대적인 양을 늘림(많은 데이터를 수집)으로써 성공을 찾을 가능성이 높아질 것이라 말한다. 상당한 시간에 걸쳐 축적된 일련의 소소한 성공을 거듭하는 일은 장기적으로 큰 성공을 일궈낼 수 있는 계단이 된다는 것이다.

서비스 기획자로서 우리가 배울 부분은 명확하다. "한 번에 완벽한 기능이나 서비스를 만들려 하지 말자. 많은 실험을 통해 많은 데이터(피드백)를 수집하고, 이를 토대로 제품 및 서비스를 발전시키는 것, 나아가 회사의 발전을 일궈내는 것"이라고 볼 수 있다.

새로운 서비스를 기획하건, 현재 기능을 보완하는 단계이건 완벽한 제품이나 서비스를 만들어야 한다는 압박감에 사로잡히지 말아야 한다. 오히려 만족스럽지 못한, 완벽하지 못한 기능이라도 테스트를 통해 피드백을 수집하는 것이 중요하다. 시장에 당장 내어놓아 피드백을 받기 어렵다면 팀 내에서 진행해도 좋다. 또는 더 나아가 회사 직원들을 대상으로 테스트를 해도 좋다. 회사 내부적으로 실험을 진행해서 어느 정도 만족스러운 결과가 나왔다면 그때 시장에 내어 놓아도 좋다.

중요한 것은 완벽하게 기획하기보다 끊임없이 테스트하고 보완하려고 노력해야 한다는 것이다. 아론 긴(Aaron Ginn)은 "그로스 해킹은 도구라기보다는 사고방식이다"라고 했다. 서비스를 기획할 때 그로스 해킹을 시도한다는 것은 새로운 툴을 익히고 새로운 것들에 도전하는 것이 아니다. 가설 수립과 실험, 검증의 과정을 기능과 서비스 하나하나에 도입하고, 여기서 나오는 데이터를 수집하고 분석함으로써 개선하는 것일 뿐이다.

5장

협업을
위한
기타 문서

서비스 기획자는 서비스 기획안만 작성하지는 않는다. 수없이 참석하게 될 회의에서 회의록을 정리하기도 하고, 업무 및 프로젝트의 결과물을 보고하기 위한 보고서를 작성하기도 한다. 단순하게 업무를 위한 업무라고 생각할 수 있다. 하지만 생각보다 이런 문서들을 자주 작성하게 되고, 또 생각보다 해당 문서들이 중요할 수 있다. 이런 문서들은 사실 협업을 위해 꼭 필요한 문서이기 때문이다.

가령 회의록을 작성하지 않았다면 회의가 종료된 이후 회의에서 나온 이야기를 제각기 해석한 바대로 수행하게 된다. 보고서를 작성하지 않는다면 최초에 계획했던 대로 결과물이 도출됐는지 파악하기 어렵고 성과를 올바르게 측정하기도 어렵다.

이뿐만이 아니다. 제품을 개발하는 과정에 참여하지 않았던 다른 부서, 이를테면 운영을 담당하는 부서나 마케팅을 담당하는 부서에서는 제품에 대해 명확하게 파악하기 어렵다. 어떤 기능이 핵심 기능인지, 어떤 지표를 달성하는데 주안점을 둬야 하는지 결과물만 봐서는 파악하기 어렵다. 이 경우 서비스 기획자가 제품이나 기능에서 어떤 점이 중요한지, 어떤 점을 염두에 두고 운영 업무를 수행해야 하는지 대략적으로 안내해야 한다. 제품을 만드는 것뿐만 아니라 그 제품이 잘 팔리고, 잘 운영될 수 있도록 도와주는 역할 또한 서비스 기획자가 수행해야 할 업무다.

그래서 이 과정에서 작성하는 문서는 명확해야 하고, 객관적 사실을 토대로 작성해야 한다. 회의에서 논의된 바 없는 내용으로 회의록을 작성한다거나 만들어지지 않은 기능을 토대로 운영 매뉴얼을 작성할 수는 없다. 회의록에 작성한 내용을 토대로 역할과 책임을 나누고 업무를 진행해야 하는데 갑자기 이야기하지도 않았던 내용을 회의록에 작성하면 그 업무를 누가 담당할 것인지도 배정하기 어렵고, 누구도 담당하려 하지 않을 것이다. 또는 만들어지지도 않은 기능을 매뉴얼에 작성한다면 운영 담당자가 무엇을 운영해야 할지도 파악하기 어렵고, 마케터는 어떻게 팔 수 있을지도 모를 것이다. 성과를 평가하거나 업무를 올바르게 수행했는지 파악하기는 더더욱 어렵다.

서비스 기획자는 제품 및 서비스의 탄생뿐만 제품이 세상에 나와 원활하게 사용되는 것까지도 함께해야 한다. 지금까지 앞에서 설명한 과정이 제품을 탄생시키는 과정이었다면 이제는 제품 및 서비스를 원활하게 운영하기 위한 문서에 대해 알아보자.

그림 5.1 협업을 위해 필요한 문서화

01
서비스 운영 매뉴얼

서비스는 만들기만 하면 끝나는 것이 아니다. 우리가 서비스 개발을 성공적으로 마무리 지어가고 있다면 마지막으로 해야 할 것이 남았다. 바로 서비스를 어떻게 운영할 수 있는가에 대한 매뉴얼을 작성하는 것이다.

서비스를 기획하고 개발하는 사람이 서비스를 운영하기까지 하면 좋겠지만 제품 개발 부서는 대부분 또 다른 제품 및 기능을 개발하는 과정에 진입해야 한다. 그러면 우리가 만든 서비스는 우리가 아닌 다른 누군가가 대신 운영하게 된다.

그렇게 서비스를 누가 운영할지 정하고, 인계받는 서비스 운영자를 위해 제품이 무엇이고, 어떤 기능이 있으며, 사용법은 어떻고, 문제가 발생할 수 있는 부분과 해결 방법을 매뉴얼로 만들어 제공한다면 문제가 발생할 때마다 기획자가 답변 및 해결 방법을 준비하지 않아도 된다.

서비스 운영 매뉴얼을 작성할 때 자체 서비스를 만들고 운영하는 인하우스 회사의 경우 언제든 보완이 가능하고, 수정이 가능하도록 구글 도구와 같이 공동 작업을 진행할 수 있는 도구를 사용해서 작성하는 것이 좋다. 반면 고객사의 요구사항을 토대로 제품을 개발해서 다시 고객사로 전달하는 에이전시 회사의 경우 개발이 완료된 서비스를 인계한 후 운영하는 단계에서 발생하는 문제를 시시각각 처리하기 어렵고, 공동 작업을 수행할 수 없기 때문에 오피스 프로그램을 통해 작성하게 된다. 이러한 차이가 발생하는 이유는 인하우스의 경우에는 서비스를 내부적으로 계속 개선하고 신규 기능을 만들어낼 수 있지만 에이전시의 경우는 서비스를 지속적으로 관리할 수 없기 때문이다. 이에 따라 서비스 운영 매뉴얼에 작성하는 내용이나 범위가 조금 다를 수 있으며, 여기서는 인하우스를 기준으로 설명하겠다. 또한 회사나 서비스마다 작성하는 도구나 내용은 모두 다르지만 공통적으로 작성하는 부분은 다음과 같다.

1. 개요
2. 주요 기능 및 설명
3. FAQ

그림 5.2 서비스 운영 매뉴얼의 공통 요소

개요는 문서에 대한 전체적인 설명을 작성한다. 개요 단계에서는 앞서 설명한 Product Spec이나 PRD에서 작성한 개요와 유사하다. 제품이나 기능을 만들게 된 배경부터 전체적인 제품 및 기능에 대한 설명을 기재한다.

주요 기능과 기능 설명에는 해당 기능의 명칭 및 해당 기능의 작동 방식, 사용자의 행동에 따라 어떤 결과를 가져오는지를 기재한다.

FAQ는 제품이나 기능을 사용할 때 발생할 수 있는 상황들을 가정해서 작성하고, 이를 해결하는 방법을 제시한다.

서비스 운영 매뉴얼을 작성할 때 주의해야 할 부분이 있다. 서비스 운영 매뉴얼에는 기획, 디자인, 개발에서 쓰이는 용어는 최대한 배제한 채 일반적으로 쓰이는 용어를 사용하는 것이 좋다. 이 문서는 디자이너와 개발자처럼 제품을 만드는 사람들이 아니라 서비스 운영자, CS나 마케팅팀처럼 비개발팀에 속하는 사람들이 주로 읽게 되기 때문이다. 또한 빠르게 원하는 내용을 찾아 대응할 수 있도록 목차를 구성하는 것이 좋고, 내용 역시 간결하고 명확하게 작성해서 한눈에 파악할 수 있게 만드는 것이 좋다.

마켓맵

개요

배포 일자 : 2021. 6. 15.(화)
배포 버전 : Ver. 1.0.0

기능 소개

- AI를 통해 기업과 산업을 분류 / 컨설턴트가 2차 가공
  산업 및 기업의 트렌드를 한 눈에 확인할 수 있도록 하는 기능

주요 기능

- 마켓맵 목록 : 컨설턴트가 선정한 마켓맵 테마 목록
- 산업군 목록 : 마켓맵 테마에 속한 하위 산업군 목록
- 기업 목록 : 마켓맵 – 산업군에 속한 기업 목록

기능 노출 영역

- 엔진 대시보드 '추천 마켓맵'
- 기업 상세 페이지 '마켓맵 목록'
- 마켓맵 페이지

그림 5.3 서비스 운영 매뉴얼 예시

02

보고서 작성

보고서는 업무를 진행하면서 발생하는 상황이나 결과를 상급자 또는 상급 부서에 보고하기 위한 문서다. 보고를 통해 상급자나 상급 부서는 진행 상황을 확인할 수 있고 때로는 적절한 조언이나 방향성을 잡아주는 등 업무를 원활하게 수행하는 데 도움을 줄 수 있다. 또한 문제의 해결 방안을 결정하기 어렵거나 다른 협력 사항이 필요한 경우 보고를 받은 상급자를 통해 해결할 수 있다.

보고서마다 조금씩 다르겠지만 일반적으로는 보고서는 다음과 같은 특징을 내포하는 것이 좋다.

> 1. 두괄식 작성: 핵심 내용을 먼저 기재하기
> 2. 간결성 및 명확성: 읽기 쉽고 간결하게 정리해서 기재하기
> 3. 사실과 의견의 구분

그림 5.4 보고서가 지녀야 할 특징

보고서를 두괄식으로 작성해야 하는 이유는 명확하다. 보고서가 상급자 또는 상급 부서에 보고하기 위한 문서이기 때문이다. 대부분의 경우 상급자나 상급 부서의 경우 여러 업무를 함께 수행하고 있거나 여러 부서에서 보고되는 내용들을 처리하게 된다. 이러한 경우 결론 또는 보고서를 통해 해결해야 할 문제나 요청사항을 앞에 배치해서 핵심적인 내용을 빠르게 파악할 수 있게 해야

한다. 두괄식으로 작성한 문서는 읽는 사람으로 하여금 필요한 정보를 바로 얻을 수 있게 한다. 빠른 정보 획득이 가능한 것이다.

반면 보고서를 미괄식으로 작성하면 필요한 정보가 맨 마지막에 나온다. 나에게 당장 필요하지 않은 부가적인 정보를 다 읽어보고 난 후에야 필요한 정보가 나오기 때문에 빠르게 읽고 판단을 내리기 어렵다. 가령 지하철 노선을 제공하는 서비스에 도착 시간 알림이라는 새로운 아이디어를 제안하기 위한 보고서를 작성한다고 해보자. 아래의 상황으로 비춰봤을 때 핵심 내용을 앞에 배치하는 편이 더 읽기 좋고, 무엇을 해야 할지 내용을 빠르게 파악할 수 있다는 것을 알 수 있다.

좋은 예

"고객 편의성 증대를 위해 지하철 도착 시간 알림 기능을 제안합니다. 노선만 확인할 때보다 도착 정보 제공을 통해 리텐션을 높일 수 있습니다. 이는 광고 노출 기회 확대로 이어져 수익 증대에 기여할 것입니다."

나쁜 예

"수익 증대를 도모하기 위해서는 광고 노출 기회를 확대해야 합니다. 광고 노출 기회를 확대하기 위해서는 유저 리텐션을 높여야 합니다. 이렇게 유저 리텐션을 높이고 광고 노출을 더 많이 하기 위해서 지하철 도착 시간 알림 기능을 제안합니다. 이는 고객의 편의성을 증대하는 효과도 있습니다."

그림 5.5 두괄식으로 작성한 문서는 중요한 내용을 빠르게 파악할 수 있다.

읽기 쉽고 간결하게 정리해야 하는 이유도 앞선 이유와 같다. 보고를 받는 사람이 한 번에 핵심적인 내용을 파악하는 것이 좋다. 보고서를 읽으면서 어떤 내용인지를 해석해야 하거나 의구심이 들어 질문 거리가 생기게 되는 보고서는 좋지 않다.

좋은 예

"지하철 도착 시간 알림 기능은 고객 편의성 증대 및 이윤 창출을 도모할 수 있습니다."

나쁜 예

"지하철 도착 시간 알림 기능은 고객에게 필요하고, 회사에서도 추가하면 좋은 기능이라 생각하기 때문에 도입해야 할 필요성이 존재한다고 생각합니다."

그림 5.6 좋은 보고서는 불필요한 문장이 제거되고, 중복된 표현을 지양한 간결한 문서다.

사실과 의견을 명확하게 구분해서 말해야 하는 이유는 보고서를 통해 적절한 의사결정을 내려야 하기 때문이다. 사실과 의견을 구분하지 않은 보고서는 잘못된 의사결정으로 이어진다. 특정 문제를 해결하기 위해 보고서를 작성했는데, 작성자의 의견을 사실로 판단해서 의사결정을 내린다면 적절한 문제 해결이 이뤄지지 않는다. 사실과 의견을 구분하는 방법은 간단하다. 사실은 사실로만 명시하고, 이에 대한 의견은 별도로 작성해야 한다는 것이다. 이러한 경우 대부분의 의견은 보고서의 맨 뒤에 작성하게 된다.

좋은 예

1. 현재 상황(사실)

   가. 5월 3일 ~ 5일 기간, 일 평균 회원 가입 수가 1,000건에서 500건으로 50% 감소했습니다.

   나. 5월 3일 ~ 5일 기간, 고객 리텐션이 25%에서 15%로 감소했습니다.

   다. 5월 4일 신규 기능을 출시했습니다.

2. 의견

   가. 5월 4일 신규 기능 출시에 따라 데이터 적재가 온전히 이뤄지지 않았을 가능성이 있습니다.

   나. 5월 5일 휴일에 따라 일시적으로 신규 회원가입 및 리텐션이 감소했을 가능성이 있습니다.

나쁜 예

1. 신규 기능을 오픈했으나 5월 3일 ~ 5일 기간, 일 평균 회원가입 수가 1,000건에서 500건으로 50% 감소했습니다.

2. 신규 기능 런칭 후 홍보를 하기 위해 지난 5월 1일부터 5일까지 다른 앱 푸시를 보내지 않았습니다. 이러한 이유로 해당 기간의 리텐션이 25%에서 10%로 감소했습니다.

그림 5.7 보고서는 사실과 의견을 명확하게 구분해야 한다.

03
회의록 작성하기

회의록은 회의 내용을 단순 기재한 것뿐만 아니라 추후 업무 분담을 어떻게 진행해야 할지, 어떤 결정이 내려져서 어떤 업무를 진행해야 할지 파악할 수 있기 때문에 작성하는 것이 좋다.

회의록을 작성하고 나면 회의에 참석했던 사람들에게 보내주는 것이 좋다. 회의 내용을 복기할 수 있고, 잘못 기재한 부분이나 수정 및 보완사항을 확인할 수 있기 때문이다.

회의록을 작성할 때는 가급적 두괄식으로 작성하고, 글머리 기호를 활용해 개조식으로 작성하는 것이 좋다. 회의의 내용을 정리하는 것이기 때문이다.

회의록에 작성할 요소는 다음과 같다.

1. 회의 날짜 및 시간
2. 회의 장소
3. 회의 참석자
4. 주요 안건
5. 의견 사항
6. 합의 및 결정 사항
7. 향후 계획 및 R&R

그림 5.8 회의록 구성요소

각 요소들을 다음과 같이 채워 넣을 수 있다.

1. **회의 날짜 및 시간**: 2021. 5. 14(금) 14:00 ~ 16:00
2. **회의 장소**: 본사 10층, 회의실 A
3. **회의 참석자**: 기획팀 팀장 000, 프런트엔드팀 팀장 000, 디자인팀 팀장 000
4. **주요 안건**: 디자인 컴포넌트 수정
5. **의견 사항**

   가. 디자인 컴포넌트 시안 공유

   나. 디자인 컴포넌트 시안에 대한 피드백

   다. 개발 일정 파악

6. **합의 및 결정 사항**

   가. 디자인 컴포넌트 일괄 변경 제한: 프런트엔드팀 개발 일정 고려 필요

   나. 5월 24일 ~ 28일 개발 진행 가능

   다. 디자인 컴포넌트 변경에 따른 기획 및 프로젝트 일정 수정 요청

7. **향후 계획 및 R&R**

   가. 디자인 결과물 공유: 디자이너 000 / 2021. 5. 14(금) ~ 18(월)

   나. 기획안 및 일정 수정: 기획자 000 / 2021. 5. 14(금) ~ 21(금)

   다. 디자인 컴포넌트 개발 및 반영: 프런트엔드팀 / 2021. 5. 24(월) ~ 28(금)

그림 5.9 회의록 작성 예시

04
이슈 보고서 작성하기

서비스를 운영하는 단계에서는 크고 작은 문제가 발생한다. 가급적이면 개발 및 QA 테스트 단계에서 문제를 최대한 발견해서 해결하는 것이 좋지만 미처 발견하지 못한 문제가 존재할 수 있고, 심지어 개발 및 QA 테스트 단계에서는 멀쩡하게 동작하다가 상용 배포 후 문제가 발생하는 경우도 있다.

문제가 발생하면 해결하는 것은 당연하다. 하지만 해결한 후에 해당 문제가 다시 발생하지 않도록 원인을 철저하게 분석하고, 동일한 문제가 다시 발생하더라도 원활하게 해결할 수 있도록 어떤 방식으로 해결할 수 있었는지 해결 방법을 작성해야 한다.

이처럼 발생한 문제의 원인을 분석하고 해결 방법을 담은 문서를 이슈 보고서 또는 버그 리포트라고 한다. 이슈 보고서를 작성하는 방법은 회사마다 다를 수 있으나, 다음 내용을 포함하는 것이 좋다.

> 1. 발생 일시
> 2. 문제 상황
> 3. 원인 파악
> 4. 해결 방법
> 5. 해결 사항
> 6. 기타 이슈

그림 5.10 이슈 보고서의 구성요소

기획자가 작성하기 어려운 부분은 개발자와 함께 작성하자. 가령 정확한 원인과 해결 방법은 기획자가 파악하기 어려울 때가 많다. 이러한 경우에는 개발자에게 내용을 확인한 후 작성하거나 개발자에게 작성하도록 요청하면 된다.

랜딩페이지 404 에러 발생 이슈

1. 발생 일시: 2021. 7. 5(월) 14:00 / 발견자: PM

2. 문제 상황

　가. 서비스에서 '랜딩페이지 바로가기' Btn 선택 시 404 페이지로 연결

　나. '랜딩페이지 URL'을 주소창에 직접 입력해서 접속 시 원활하게 접속

3. 원인 파악

　가. '랜딩페이지 바로가기' URL이 과거 '랜딩페이지 URL'로 적용되어 있었음

　나. 7월 4일 서비스 배포 간, 신규 '랜딩페이지 URL'을 적용하지 않고 배포를 진행했음

4. 해결 방법: '랜딩페이지 바로가기' Btn의 URL 링크를 최신 URL 주소로 변경

5. 해결 상황: 2021. 7. 5(월) 15:00, 핫픽스 배포를 통해 이슈 해결 완료

6. 기타 이슈: '랜딩페이지'로 연결되는 다른 경로를 확인 후 모두 수정 필요

그림 5.11 이슈 보고서 작성 예시

이렇게 이슈 보고서를 작성했다면 해당 내용을 상급자에게 보고해서 이슈 상황을 공유하고 CS 부서에 전달해서 고객 민원에 대응할 수 있게 해야 한다. 또한 개발 부서 및 사내 공유 채널에 아카이브함으로써 동일한 문제가 다시 발생하는 것을 방지하고, 문제가 다시 발생하더라도 원활하게 대처할 수 있게 한다.

"왜 사람들이 구매하지 않을까?"

비단 내가 만들었던 제품이나 서비스를 콕 집어 이야기하지 않아도 같은 의문이 발생했다. 세상에는 정말 멋지고 좋은 아이템들이 많다. 혁신적인 아이템이라는 생각이 드는 것도 많았다. 하지만 세상에 나왔을 때 성공하는 아이템은 생각보다 그렇게 많지 않았다.

한때 창업에 도전한 적이 있다. 창업 초기 시점에 매번 머릿속에 끊임없이 떠오르는 의문이 있었다. 내가 떠올린 기발하다고 생각하는 아이디어나 좋다고 생각하는 제품을 사람들에게 설명했을 때 부정적으로 반응하거나 구매하지 않겠다는 답변을 들었다. 나는 그 이유가 몹시 궁금했다.

정답은 생각보다 명확했다. 좋은 아이템이나 혁신적인 아이템이 정말 뛰어날지는 몰라도 사람들이 원하지 않는 제품이고, 제품이 구매로 이어질만큼 매력적이지 않았기 때문이다. 사람들은 원하지 않는 제품에 돈을 쓸만큼 어리석지 않다. 그럼 이런 아이템은 그저 실패한 아이템일까?

PMF란?

PMF는 넷스케이프의 창업자이자 실리콘 밸리의 유명인사인 마크 안드리센(Marc Andreessen)이 처음 사용하기 시작한 개념으로, Product-Market Fit(제품 시장 적합화)의 약자다. 마크 안드리센은 PMF를 가리켜 "매력적인 시장(성장 잠재력이 있는 시장)의 니즈를 충족시켜 줄 수 있는 제품을 만들어내는 것"이라 정의하고 스타트업이 성공하는 데 유일하게 중요한 부분이라고 주장하기도 했다.

그래서였을까. 창업을 했을 당시나 스타트업에서 근무할 때 자주 듣는 이야기 중에 PMF가 있었다. 초기 창업팀이나 새로운 서비스를 만들어내는 과정에서 'PMF'는 상당히 중요하다는 내용이 골자였다. 단순히 제품이 잘 팔린다고 PMF를 달성했다고 볼 수 있는 것은 아니다. 제품이 잘 팔리는 이유는 그저 마케팅에 돈을 많이 썼기 때문일 수도 있고, 우연히 언론이나 어떤 특정 상황에 노출되어 일시적으로 제품이 잘 팔린 것일 수도 있다.

이와는 정반대로, 설정했던 PMF를 달성했다면 특별히 제품을 팔기 위해 노력하지 않아도 알아서 바이럴이 이뤄지고, 제품의 판매가 폭발적으로 증가하는 경험을 할 수 있다. 서비스를 기획하는 단계에서 PMF를 설정하고, 이를 달성하는 것을 최우선 목표로 설정하는 것이 중요한 이유다.

사람들이 원하는 제품을 만들자!

세계 최초, 최고의 엑셀러레이터라 불리는 와이 콤비네이터(Y Combinator)의 좌우명은 '사람들이 원하는 것을 만들자'이다. 내가 이 좌우명을 처음 들었을 때는 호기롭게 창업에 뛰어들어 새로 진행한 프로젝트가 실패했을 때였다. 당시 만들었던 아이템은 결국 고객의 공감을 끌어내지 못한 채 비용과 시간만 낭비하며 실패로 끝났다.

당시 우리 팀이 만든 제품은 퀄리티도 좋았고, 최소 기능 제품(Minimum Viable Product; MVP)을 만들어 잠재 고객에게 보여줬을 때는 호응도 좋았다. 다만 고객들은 비용을 지불하려고까지는 하지 않았다. 결국 정말 좋다고 생각되는 아이디어를 직접 구현해서 MVP를 진행해보고 직접 만든 제품을 판매해보려고 노력했지만 아무도 구매하지 않았던 것이다.

이후 와이 콤비네이터의 좌우명처럼 사람들이 원하는 것을 만들어보기 위해 노력했다. 우선 실패의 원인을 파악하고자 고객 개발 인터뷰를 기획해서 진행했고, 우리가 고객이라고 생각하는 사람들의 일과 스케줄을 파악하고 고객이 있을 것으로 예상되는 곳에서 하염없이 죽치고 기다리기도 했다.

그렇게 일주일 동안 약 100여 명을 만나 인터뷰와 설문조사를 진행하면서 얻은 인사이트를 토대로 피봇한 후 새로운 아이템을 만들어보자 그제야 수익이 발생하기 시작했다. 그리고 정말 놀랍게도 수익이 발생하는 경로는 우리가 별도의 마케팅을 해서가 아니라 고객 바이럴을 통해서였다.

이렇게 PMF를 찾았던 경험은 이후 서비스를 기획할 때도 '사람들이 원하는 제품, 가치'를 가장 우선시하게 되는 계기가 됐다.

01

블로그를 써야 하는 이유

글쓰기는 반복적으로 훈련해야 능력을 향상할 수 있다. 더욱이 기획자의 글쓰기는 기획 내용을 상대방이 온전하게 이해하게 하고, 이를 토대로 제품을 만들어내야 하는 글쓰기인 만큼 읽는 사람에 대한 고민, 작성하는 내용에 대한 고민이 잘 담겨 있어야 한다. 이러한 역량은 단순히 업무를 위해 작성하는 문서만으로는 부족한 경우가 많다.

브런치나 블로그 같은 곳에 글을 쓰는 것은 기획자의 글쓰기 역량을 높이는데 크게 기여할 수 있다. 이러한 플랫폼은 내가 쓴 글이 여러 사람에게 노출되기도 하고, '좋아요'나 댓글로 반응을 확인하기도 쉽기 때문에 독자의 피드백을 토대로 글의 내용을 개선하기 좋다. 읽는 사람이 공감하는 내용과 공감하지 않는 내용, 잘 이해되는 부분과 그렇지 않은 부분을 파악하고 글을 개선할 수 있는 것이다.

기획자가 쓰는 글은 기본적으로 난해하거나 어려우면 안 된다. 이해할 수 없는 기획안을 보고 뚝딱 제품을 만들어낼 수 있는 개발자나 디자이너는 없다. 일반 대중에게 보이는 글 역시 마찬가지다. 전문 용어와 이해하기 어려운 글은 일반 대중이 이해하기에는 더더욱 어렵다. 전문 용어로 멋들어지게 쓰인 글은 무언가 대단해 보일 수는 있지만 잘 쓴 글은 아니다. 그래서 블로그와 같은 곳에 글을 쓰며 일반 대중에게도 읽히기 용이한 글을 쓰도록 훈련하는 과정이 기획자의 글쓰기 역량에 도움이 될 수 있는 것이다.

또 한 가지 개인 블로그를 쓰는 것의 장점은 기획자 개인의 포트폴리오로 활용하기 좋다는 점이다. 기획자는 포트폴리오를 만들기가 쉽지 않다. 기획안은 대외비인 경우가 대부분이기 때문에 작성한 결과물을 공개하기 어렵다. 만들어진 서비스를 토대로 포트폴리오를 작성하다 보니 실무 역량에 대한 부분을 포트폴리오에 녹여내기 쉽지 않을 때가 많다. 또한 경력자가 아니라면 실무 경험에 대해 어필하기도 쉽지 않다. 이럴 때 블로그에 작성한 글은 하나의 포트폴리오가 될 수 있다.

02

어떤 주제로 글을 써야 할까?

기획자가 쓰는 블로그는 '내'가 충분히 이해하고 설명할 수 있는 주제로 선정하는 것이 좋다. 결국 기획자는 '내'가 가진 생각을 '남'들이 이해할 수 있도록 잘 전달하기 위해 글을 쓰기 때문이다.

기획 소재로 글쓰기

기획자의 전반적인 업무 프로세스에는 글로 쓰기 좋은 소재들이 많다. 업무 중에 있었던 일, 다른 팀원들과 문제를 원활하게 해결했던 일과 같이 업무 전반에 대한 이야기도 훌륭한 소재가 될 수 있다. 또는 기획 산출물을 어떻게 만들어갔는지, 어떻게 만들어서 적용했더니 좋거나 혹은 나쁜 효과가 나타났는지와 같이 실무적인 이야기도 나쁘지 않다.

이런 글쓰기가 부담될 수도 있다. 아직 실무적인 이야기를 자신 있게 꺼내놓을 만큼 스스로의 능력이 부족하다 생각될 수도 있고, 내가 선택한 방향이 옳은 것인지에 대한 걱정이 들 수도 있다.

기획자는 문제 해결 전문가다. 문제를 해결하기 위해 고민하고, 문제를 해결하기 위한 제품을 다른 협업자들과 만들어가는 직무다. 문제를 해결하는 과정은 기획자마다, 수행하는 방법마다 각기 다를 수 있다. 즉, 결국 문제를 해결한 경험이라면 그 과정은 충분히 좋은 인사이트가 될 수 있다.

또한 기획자 면접에서 자주 등장하는 단골 질문은 문제 해결 과정과 그 이유다. 이렇게 글을 통해 문제를 해결한 경험을 적어보는 것은 그 자체로 포트폴리오가 될 수 있을뿐더러 추후 면접이나 이직 과정에서 문제 해결 과정에 대해 사전에 미리 답을 정리해보는 기회가 될 수 있다.

역기획 소재로 글쓰기

역기획은 기획자의 글 소재로 가장 추천하는 방법이다. 기획자의 문제 해결 과정과 실무적인 역량, 서비스를 바라보는 관점이나 비즈니스에 대한 지식을 한 번에 파악할 수 있기 때문이다.

서비스 선정하기

먼저 분석해 볼 서비스를 선정해야 한다. 이때 아무거나 선정하기보다는 평소에 관심 있는 서비스, 혹은 내가 커리어로 삼고 싶은 도메인에 대한 서비스를 선정하는 것이 좋다. 예를 들어, 패션과 이커머스에 관심이 있다면 지그재그와 에이블리, 브랜디, 무신사 같은 서비스를 선정해서 각기 분석하거나 비교분석해보는 것이다.

서비스 사용해보기

서비스를 분석하려면 가장 먼저 서비스를 사용해봐야 한다. 처음에는 일단 서비스를 분석해야겠다는 마음보다는 아무 생각 없이 실제 유저로서 사용하듯 사용해보자. 사용하면서 인상 깊었던 부분이나 편리하다고 느껴지는 포인트가 있다면 별도로 정리해두자.

회사의 미션과 비전, 목표와 전략 찾아보기

서비스를 대략적으로 파악했다면 다시 서비스 외부로 나가서 회사를 살펴보자. 회사의 미션과 비전이 무엇인지, 이를 달성하기 위한 목표와 전략은 무엇인지 조사한다. 이 과정에서 추가로 경쟁사에 대해 조사해보는 것도 좋다. 내가 분석하고자 하는 서비스가 경쟁사와 어떤 차별점을 가지고 있는지 파악해보자.

비즈니스 모델 파악

회사의 미션과 비전, 목표와 전략을 찾았다면 이제 회사가 해당 서비스를 어떤 구조로 수립했는지, 수익구조는 어떻게 설정했는지 그려 본다. 이러한 비즈니스 모델은 관계되는 모든 요인들을 모두 반영해서 복잡하게 그리지 말고 최대한 간단하게 그려보는 것이 좋다.

예상되는 가설 설정 및 검증해보기

회사의 미션과 비전, 목표와 전략을 토대로 비즈니스 모델까지 파악했다면 이제 다시 서비스로 돌아가 보자. 앞서 파악한 미션과 비전, 목표와 전략, 비즈니스 모델이 어떻게 반영됐는지, 해당 모델을 검증하기 위한 가설을 무엇일지 예상해본다. 그리고 이렇게 수립한 가설이 어떻게 검증되고 있는지를 파악하자.

특히 앞서 인상 깊었던 부분이나 편리하다고 느껴졌던 부분에 대해 어떤 과정을 통해 해당 부분이 만들어졌을지를 생각해보는 것도 좋다. 유독 서비스에서 인상 깊게 만들어진 부분이 있다면 해당 부분은 가설 검증의 과정을 통해 많은 부분이 수정됐거나 개선됐을 가능성이 높은 부분이다.

그리고 그렇게 만들어진 부분이 미션과 비전, 목표와 전략, 비즈니스 모델에 어떻게 얼마나 기여하는지 파악해보자. 앞서 간단하게 봤을 때보다 회사의 미션과 비전, 목표와 전략, 비즈니스 모델을 파악하고 다시 보게 되면 이런 부분이 훨씬 세세하게 잘 보일 것이다.

서비스 개선점 도출

현재 서비스가 가지고 있거나, 가지고 있을 것으로 예상되는 문제를 파악해보자. 그리고 이를 개선하기 위한 과정을 '가설 수립 – 해결책 도출 – 검증'의 과정으로 정리해보자.

정리

모든 과정을 진행했다면 이제 해당 과정을 정리해서 글로 정리하는 작업이 남았다. 정리하는 과정은 회사에 대한 소개와 비즈니스 모델을 기재하는 것으로 시작한 후 서비스 이용 간 도출한 문제 및 해결책, 가설 수립 및 가설 검증의 과정, 서비스 개선사항을 적는다. 그리고 마지막으로 서비스를 역기획하면서 얻은 인사이트를 기재하면서 마무리한다.

기획자 다이어리

서비스를 바라보는 2가지 관점

숲이 중요하냐, 나무가 중요하냐에 대한 논쟁에는 정답이 없다. 이는 서비스를 바라보는 관점에 있어서도 마찬가지다. 숲은 거시적인 관점을 의미하고, 나무가 미시적인 관점을 의미한다는 점, 그리고 두 가지 관점으로 보는 것이 중요하다는 점은 모두가 너무나 잘 알지만 이 문제의 답을 명확하게 내리는 건 아직 너무나도 어렵다.

거시적 관점에서 서비스 바라보기

서비스를 거시적 관점으로 바라본다는 것은 서비스의 전체적인 흐름, UX, 타깃, 콘셉트, 마케팅 등 전반적인 것들을 모두 포괄해서 이해하려 하는 것으로 볼 수 있다. 서비스에 새 기능이 더해지거나 기존 기능이 개선되는 등 다양한 시도들이 이어질수록 서비스는 그 모습이 조금씩 변화한다.

마케팅만 하더라도 초기에 소구하던 메시지가 새 기능이 추가되면서 다른 메시지를 전달하게 된다. 또는 서비스가 초기에 전달하고자 하는 가치들이 어떠한 환경들로 인해 사용자들이 더 몸소 느끼는 부분에서 큰 효용을 주게 되어 서비스의 핵심 본질이 피봇되기도 한다. 이러한 과정에서 거시적 관점에서 서비스를 바라본다는 것은 유저에게 전달될 서비스의 정체성을 확립하고 일관된 UX를 정립함으로써 서비스의 아이덴티티를 유지한다는 점에서 중요하다.

거시적 관점으로 서비스를 바라보는 두 가지 경우가 있는데, 새로 서비스를 기획하거나 혹은 기존 서비스에 합류하게 된 경우다. 새로 서비스를 시작할 때는 서비스 전략이나 서비스가 가져갈 흐름을 결정할 수 있다는 점에서 거시적 관점이 필요하다. 이미 진행 중인 서비스에 합류한 경우의 거시적 관점은 기존 서비스의 콘셉트나 아이덴티티를 이해함으로써 신규 서비스를 기획할 때 기존 서비스와 전혀 어긋남이 없도록 일관된 경험을 기존 사용자에게 전달할 수 있다는 점에서 필요하다.

서비스의 전체적인 흐름

UI / UX

타깃

콘셉트

마케팅

·

·

·

그림 6.1 거시적 관점에서 바라본 서비스

미시적 관점에서 서비스 바라보기

서비스를 미시적 관점으로 바라본다는 것은 서비스를 구성하는 각 구성요소들을 하나하나 뜯어보거나 기능 단위로 이해하려는 관점으로 볼 수 있다. 서비스는 운영을 거듭하면서 기능의 생성과 소멸을 겪거나 사용자의 피드백에 따라 개선되기도 한다.

이러한 과정을 거듭하다 보면 초기에 기획한 기능의 내용과 다르게 변화하기도 한다. 이 과정을 들여다보면서 기능 변화의 히스토리를 관찰하고 기능을 보완 또는 개선하거나 기존의 히스토리를 참고해서 새로운 기능을 기획하려 한다면 미시적 관점에서 서비스를 바라봐야 한다.

서비스 구성 요소

로그인 창

제품 상세페이지

마이 페이지

장바구니 기능

·

·

·

그림 6.2 미시적 관점에서 바라본 서비스

두 가지 관점이 모두 중요하고, 둘 다 필요하다는 것도 알겠다. 그럼에도 굳이 두 가지 관점 중에서 하나를 꼽으라면 먼저 거시적인 관점으로 서비스를 바라보는 안목이 필요하다고 생각한다.

새로운 서비스를 기획하는 경우라면 전체적인 그림을 그려내어 서비스의 정체성과 전달하고 싶은 가치 등을 만들어 낼 수 있어야 하기 때문에 거시적인 관점에서 시작하는 것이 좋다.

기존 서비스에 새로 들어가게 된 경우에도 마찬가지로 거시적인 관점에서 시작하는 것이 좋다. 기존 서비스가 지닌 성격, 콘셉트, UX를 해치지 않는 선에서 새로운 기능을 만들어내거나 기능을 보완해야 하기 때문이다. 더군다나 서비스를 새로 만들어내는 경우에는 큰 상관이 없지만 이미 만들어진 서비스는 여러 기능들이 맞물려 있기 때문에 사소한 것이라도 기존 기능을 고려해야 한다.

뒤늦게 이를 인지하고 수정하게 되면 전체적인 일정에 혼란이 가중되고, 결국 서비스를 구현하는 사람. 즉 개발자나 디자이너들이 밤샘 작업하게 만드는 꼴이 되고 만다. 예를 들어, 사용자의 특정 동작에 따라 알림 메시지를 주는 기능이 있다고 가정했을 때 기존 알림 메시지가 공통적으로 어떤 뉘앙스의 언어를 사용하는지, 알림 메시지를 선택했을 때 별도의 동작을 수행하는지 수행하지 않는지, 알림 메시지가 노출된 후 유지 시간은 얼마나 되는지 등을 알아야 한다. 이를 새로운 기획이라고 새롭게 정의하고 만들어낸다면 결국 만드는 사람도, 이를 사용하는 유저도 제각각인 알림 메시지에 헷갈려하고 혼란스러워하게 된다.

그리고 이는 결코 좋은 기획이나 UX가 되지 못한다. 한편 서비스를 거시적 관점으로 바라보고, 이를 충분히 고려해서 기획을 진행하게 될 경우 의도하지 않아도 디테일을 자연스럽게 파악하고 고려하게 된다. 즉, 거시적 관점에서 서비스를 바라봤을 때 미시적 관점까지 고려하게 되는 것이다.

마무리

사람을 만나고, 그와 대화를 나누고, 생각을 나누는 일은 어렵다. 각자가 살아온 인생이 다르고, 각자가 가지고 있는 생각이 다르기 때문이다. 같은 사과를 보더라도 누군가는 사과의 맛을 떠올리지만 누군가는 그 사과가 얼마나 아름다운 색깔을 가지고 있는지에 대해 생각할 수도 있다.

기획자는 함께 일하는 사람들과 대화를 나누는 시간이 많다. 기획안을 완성했다고 일이 끝난 게 아니다. 기획안을 토대로 결과물을 만들어내야 하는 디자이너나 개발자와 끊임없이 대화를 나누면서 서비스가 올바른 방향으로 만들어지도록 노력해야 한다.

또한 디자인과 개발에 들어가기 전에는 기획안이 어떠한 의도로 만들어졌는지를 공유함으로써 구성원에게 서비스를 만들어야 하는 이유를 설명하고, 서비스를 구현하는 방향성을 제시할 수 있어야 한다. 그리고 이와 더불어 서비스를 통해 얻을 수 있는 이득을 토대로 경영진을 설득할 수 있어야 한다.

이러한 과정들을 겪다 보니 기획자에게 어쩌면 가장 중요하고 필요한 역량은 커뮤니케이션 역량이라는 생각이 든다. 문서를 잘 만들고, 프로토타입을 잘 구현하고, 미래를 내다볼 줄 아는 혜안을 지녔다 하더라도 결국 기획자 혼자할 수는 없다. 그렇기에 기획자는 홀로 존재하기보다는 함께할 때 더 빛나는 사람이다.

기획자가 해야 하는 모든 업무는 어떻게 하면 내가 가진 생각을 함께 일하는 구성원에게 잘 전달할 수 있을지에 대한 고민의 발로이자, 결국 구성원들과 효과적으로 대화를 나누면서 그들이 결과물을 만들어내도록 하는 것이 전부라고 해도 과언이 아니다.

기획자가 가진 어려움을 이야기하다 보면 가장 많이 듣게 되는 것이 개발자와의 의사소통, 디자이너와의 의사소통 문제다. 많은 경우 개발자들은 '할 수 없다'라고 하고, 디자이너는 '안 이쁘다, 불필요하다'라고 이야기한다. 개발자들의 '할 수 없음'은 '주어진 시간 안에 할 수 없다'라는 의미이거나 '그렇게 하게 되면 바꿔야 할 요소가 너무 많아져 서비스에 문제가 발생할 수 있다'의 문제지 정말 '할 수 없다'는 아니다.

디자이너의 '안 이쁘다'에는 '일반적으로 봤을 때 어색하거나 이질적으로 느껴져 불편함을 느낄 수 있다'이며, '불필요하다'에는 '너무 많은 정보가 담겨 있어 복잡하게 보인다'거나 '고객 경험을 긍정적으로 최적화하기에 적합하지 않다'의 문제지 정말 '안 이쁘고, 불필요하다'는 건 아니다. 물론 개발자든 디자이너든 정말 할 수 없고 안 이쁘다고 느껴서 얘기하는 경우도 있겠지만 결론적으로는 그들도 같은 팀이고 같은 서비스를 만들어나가는 구성원으로서 서비스가 성장하고 나아가서 잘 되기를 바란다는 점에서는 기획자와 같은 마음이다.

결국 우리는 팀이고, 우리는 같은 사람이다. 같은 서비스를 함께 만들어가는 사람이자 서비스가 잘 되기를 바라는 같은 마음을 갖고 있기 때문에 근본적으로는 같다. 하지만 앞에서 말했듯이 각자가 살아온 인생이 다르고, 경험한 바가 다르고, 배운 것이 다르고, 전문성을 가진 영역이 다르기 때문에 서로 다른 생각과 관점으로 서비스를 바라볼 수밖에 없다. 그리고 그렇기 때문에 우리는 대화가 필요하며, 그 대화를 이끌어갈 역량을 가진 사람이 기획자이지 않을까 생각한다.

언젠가 개발자와 이런저런 이야기를 나눌 자리가 있었다. 그때 개발자에게 이런 이야기를 했다. "당신을 이해하지 못하는 게 아닙니다. 다만 제가 생각하고 상상하던 것들을 실제로 구현할 수 있는 능력을 가지셨잖아요. 우리가 서비스를 만들어나가는 데 있어서 제가 고민하고 생각하는 것들을 어떻게 솔루션으로 구현할 수 있을지에 대한 의견들을 적극적으로 내주셨으면 좋겠습니다." 항상 타이르고, 해달라고 조르고, 매번 부탁하게 되며, 때로는 강압적으로 해달라고 얘기하는 나 자신에 대한 반성 또한 전달했다. 다행스럽게도 그는 내 의견에 공감하며, 그렇게 해주겠다 선뜻 이야기했다.

기획자로서 구성원과 팀에 바라는 건 결국 '함께 만드는 서비스를 더 좋게 만들기 위한 마음'이다. 그렇기에 서로가 각자의 전문성을 가진 영역에서 더 좋은 의견들을 나누고, 더 건설적인 이야기들을 나눔으로써 정말 우리 서비스가 고객들에게 긍정적인 영향을 끼치고, 고객들이 우리 서비스를 구매함으로써 서비스와 회사가 성장할 수 있는 구조와 문화를 간절하게 바라고 있다.

기획자는 팀이 더 나은 서비스를 만들어 고객 경험을 향상하고 나아가 회사의 수익을 가져올 수 있게 하기 위해 늘 대화를 나눠야 한다. 고객도 조직 구성원도 결국은 사람이다. 사람을 만난다는 것, 함께 일한다는 것은 그 사람의 인생이 덩어리째 나와 부딪히는 일이다. 그렇기 때문에 사람과 대화를 나누는 것은 당연히 어려울 수밖에 없다. 그리고 그렇기 때문에 더 많은 대화를 나눔으로써 서로를 이해하고, 함께 나아갈 수 있도록 노력해야 한다.

그렇게 대화를 나눌 수 있도록 만들어주는 것은 결국 문서다. 결국 기획자가 구성원들과 원활한 대화를 나누기 위해 필요한 것은 대화를 나누기 위한 토대를 만들어주는 문서인 것이다. 기획자가 글쓰기를 해야 하는 이유다. 다만 기획자의 글쓰기가 완벽한 문법과 멋들어진 미사여구를 곁들인 것을 의미하는 것은 아니다. 기획자의 글쓰기에서 가장 중요한 것은 사람들과 충분히 대화를 나눌 수 있도록 만들고 내가 가지고 있는 생각을 간결하고 명확하게 전달할 수 있는 글쓰기여야 한다는 것이다.

IR과 사업계획서

앞서 서비스 기획자가 사업 전략을 수립하는 업무를 담당하게 될 수도 있다는 것을 확인했다. 사업 전략을 수립하는 과정은 만들고자 하는 서비스가 무엇인지를 설명하고 어떻게 만들어 갈 것인지 설명하는 과정이다. 서비스가 가지고 있는 잠재적인 가치를 설명하고 실제로 만들 역량이 있다는 것을 보여줌으로써 함께 만들어갈 사람들을 설득하고, 서비스에 투자할 잠재적 투자자를 설득하는 문서인 것이다. 어떻게 보면 서비스나 제품을 만드는 과정에서 시발점이자 가장 기초적인 작업이라고 볼 수 있다.

조직의 규모가 커서 해당 역할을 수행하는 별도의 전담 인력이 있거나 기존 서비스나 제품을 유지하고 개선하는 업무를 주로 진행하는 서비스 기획자라며 이러한 문서를 작성할 기회가 많지 않다. 하지만 새로운 서비스나 신 사업을 준비하는 사람이라면 반드시 알아두는 것이 좋다. 우리는 이미 많은 교육 과정을 거치고 사회생활을 해오면서 '설득 = 주장 + 근거'라는 간단한 법칙을 알고 있다. 사업 전략 수립에서도 이 법칙은 깨지지 않는다.

일반적으로는 IR(Investor Relations)이라 불리는 발표용 자료와 사업계획서로 구분한다. IR은 투자자 발표용이기 때문에 PPT를 통해 작성하며, 사업 계획서는 워드나 한글을 이용해 작성한다. 서로 다른 듯 보이지만 기본적인 구성요소는 동일하다. 두 가지 차이점이라면 IR은 핵심적인 내용만 간추려서 시각적인 효과를 통해 '보는 사람'에게 짧은 시간에 임팩트를 남기는 것이 중요하지만 사업계획서는 제품 및 서비스 구현을 위한 세부적인 근거를 제시하고, 구체적으로 설명한다는 점이다.

순서가 바뀌거나 필요에 따라 항목이 추가되거나 삭제돼도 상관없다. 다만 기본적으로 상대방이 이해하기 쉽고 기억하기 쉽게 스토리텔링하는 것이 중요하다. 사업계획서는 워드나 한글 같은 문서 편집 프로그램으로 작성하는 경우가 많다. 특히 국내의 경우 정부지원사업 프로그램과 같은 곳에서는 한글로만 지원서를 받는 경우도 있다. IR은 피칭이라고 해서 사업계획을 발표하는 자료로 활용하기 때문에 PPT로 작성하게 된다. 언제 어떤 기회가 생길지 모르기 때문에 가급적 두 가지 버전의 문서를 모두 구비해놓는 것이 좋다.

2가지 문서의 구성요소가 비슷하기 때문에 이해를 돕고자 여기서는 이미지와 함께 설명하기 좋은 IR 문서를 위주로 설명해보겠다.

IR 및 사업계획서 구성요소	
구성요소명	구성요소 설명
개요 및 구성	전체 내용에 대해 간단히 요약
소개	우리가 어떤 회사인지, 어떤 미션과 비전을 가지고 어떤 문제를 해결하려 하는지 소개
솔루션	문제와 문제를 겪고있는 대상자가 어떻게 문제를 해결할 수 있는지 제품 및 서비스 소개
시장성 분석	제품 및 서비스의 시장규모를 소개하고, 우리 회사의 경쟁우위를 제시
비즈니스 모델	비즈니스를 둘러싼 이해관계자를 정리하고, 수익모델을 제시
마케팅 및 홍보 전략	제품 및 서비스의 마케팅 및 홍보 계획을 제시
실제 성과	제품 및 서비스 개발을 위해 실제 수행한 내용 및 결과를 제시
향후 전략	영업, 마케팅, 개발 등 제품을 개발하고 소비자에게 전달해서 수익을 내기 위한 계획을 제시
재무지표	목표, 원가, 이익, 이익률 등을 기반으로 수익과 지출에 대한 내용을 제시
가치	제품 및 서비스가 가져올 경제적, 사회적 가치 & 임팩트 제시
팀 역량	제품 및 서비스를 실제로 구현할 수 있다는 역량을 제시

그림 A.1 IR 및 사업계획서 구성요소

첫 번째: 개요 및 구성

IR이나 사업계획서는 잘 모르는 사람에게 본인의 사업을 소개하는 문서다. 특히 사업계획서의 경우 사업의 세부적인 부분과 실제 실현 가능성까지 모두 파악할 수 있도록 자세하게 설명한 문서다. 이러한 이유로 IR이나 사업계획서의 초입에는 개요 부분이 필요하다.

개요는 전체적인 내용을 한 호흡에 파악할 수 있도록 요약한 부분이다. 개요를 통해 대략적으로 파악하게 함으로써 뒤에서 나올 이야기를 수월하게 이해할 수 있게 돕는다. 개요에는 소개, 미션과 비전, 주요 사업과 BM 소개, 사업 목표, 팀(회사) 구성에 대해 간략하게 작성한다.

사업계획서 개요	
구분	**내용**
소개	**기업명:** 우리 회사 **기업 소개:** Product를 만드는 과정에서의 임팩트 창출을 위한 협업 소프트웨어를 개발/제공
미션과 비전	**미션:** 누구나 아이디어만 있으면 제품을 만들어낼 수 있는 사회를 만든다. **비전:** 업무 수행의 필수 소프트웨어로 자리 잡기
주요 사업(아이템 및 BM)	▪ Product Solution 제공 　1. 팀 및 기업 고객을 위한 Enterprise 버전 서비스 제공 　2. 개인 및 학생 고객을 위한 일반 버전 서비스 제공
사업 목표(기대 효과)	▪ **사회적 효과** 　1. 원격 및 재택 근무의 효율을 증대함으로써 기업 및 근로자의 업무 생산성 향상 　2. 제품 및 서비스 아이디어의 실현 가능성을 증대함으로써 창업 및 부업 생태계 활성화 ▪ **경제적 효과** 　1. 긍정적 사용자 경험을 토대로 락인 효과/지속적인 수익 창출 　2. 여러 가지 소프트웨어를 사용해야 했던 기존의 어려움에서 탈피함으로써 개발 비용 감소 　3. 협업 소프트웨어를 토대로 제품 개발에 소요되는 커뮤니케이션 리소스 감소

그림 A.2 사업계획서 개요 및 구성 예시

두 번째: 소개

소개는 기업의 첫인상에 해당한다. 사람을 볼 때 첫인상이 중요하듯, 사업계획서에도 소개 부분이 생각보다 중요하다. 상대방은 내 사업, 내 아이템, 내 서비스에 대해 전혀 모르는 상태다. 그렇기 때문에 회사의 미션과 비전, 설립 배경이나 해결하고 싶은 문제에 대해 먼저 설명하는 시간을 가져야 한다.

문제를 겪고 있는 사람들의 반응을 떠올려보고, 사업계획서를 보고 있을 사람들이 쉽게 상상해볼 수 있도록 한두 문장으로 핵심 니즈를 표현하는 것이다. 잠재적 사용자가 중고거래를 하는 사람이라고 가정하면 '혹시 사기가 아닐까? 사기를 방지할 수 있는 방법이 있었으면 좋겠다'와 같이 우리 서비스를 필요로 하는 것처럼 표현하는 것도 하나의 방법이다.

이때 읽는 사람으로 하여금 "이 기업이 해결하고 싶은 문제가 정말 심각한 문제구나", "해결할 만한 가치가 있는 문제구나", "그래, 이런 미션과 비전이라면 이 문제를 해결할 수 있을 거야"라고 생각할 수 있게 해야 한다. 간혹 이 부분을 중요하지 않다고 생각해서 임팩트 없이 작성하는 경우가 있다. 안타깝지만 시작부터 설득이 되지 않는 사업계획서는 뒤에서 아무리 좋은 근거를 붙여도 읽는 사람의 마음으로 들어가기 힘들다.

명료하고 임팩트 있는 콘셉트로 미션과 비전을 작성하자. 그리고 뒤에 이어 해결하고 싶은 문제에 대한 여러 사례와 근거를 제시하면 처음 본 사람도 문제와 기업의 미션과 비전에 공감해서 설득되고 싶은 마음을 갖게 될 것이다.

개인적인 의견이지만 이때 소개할 문제 원인에서는 경제적 가치보다는 사회적 가치에 대한 부분을 어필하는 것이 좋다고 생각한다. 경제적 가치는 문제점이라고 딱 잘라 지적하기는 사실 좀 아쉬운 점이 있다. 예를 들어, '부동산 시장의 현금 유동성 부족 문제를 해결해서 수익을 더 많이 이끌어내겠다'라는 내용보다는 '부동산 시장의 현금 유동성 부족 문제를 해결함으로써 시장에 참여할 기회가 적은 일반 시민들에게 재테크의 기회를 창출하고 싶다'라는 내용이 좀 더 가치 있어 보이지 않을까? 우리 아이템에 대한 설득력을 높이기 위해서는 '제시한 문제점을 어떻게 해결할 수 있다는 거지?'라는 궁금증을 최대한 증폭시키는 것이 좋다.

그림 A.3 회사 소개 예시

세 번째: 솔루션

제시한 문제를 해결함으로써 기업의 미션과 달성할 수 있도록 하는 것이 솔루션이다. 우리의 아이템을 설명하는 본격적인 페이지인 것이다. 솔루션은 텍스트를 통해 설명하는 것과 동시에 시각화된 자료를 제시하는 것이 효과적이다.

어떻게 만들 수 있는지, 누구에게 제공할지, 어떤 효과가 있을지에 대해 이미지와 함께 상세히 제시함으로써 보는 사람의 머리에서 솔루션이 그려질 수 있어야 한다.

구현을 위한 기술적인 부분을 설명하거나 제품의 실제 이미지가 있으면 좋다. 특별한 기술이 없다면 제품을 구현하기 위한 과정을 기재하면 된다. 그리고 실제 이미지가 없다면 목업이나 제품의 프로세스를 보여주는 것도 좋다.

생산성 증대

문서 자동 생성, 임베드, 차트 구현 등
업무 자동화를 토대로 업무 편리성 극대화

혁신성 증대

메신저, 문서 공유, 그룹 영상 통화 등
원격/재택 근무 혁신성 증대

효율성 증대

각종 기획안 템플릿 제공, 깃 연동 등
소프트웨어 개발에 특화, 효율성 극대화

그림 A.4 솔루션 특징 소개 예시

다만 주의해야 할 부분은 IR과 사업계획서가 조금 다를 수도 있다는 점이다. IR은 핵심 기능들을 중점적으로 작성해야 한다. 발표 시간도 넉넉하지 않을 것이고, 페이지를 많이 할당하기 어렵기 때문에 우리 서비스를 요모조모 따져 봤을 때 이것도 좋고, 저것도 좋다는 식으로 표현하면 안 된다. 반면 사업계획 서는 IR에서 제시하지 않았지만 염두에 뒀던 추가적인 솔루션에 대해 언급해도 좋다.

제품 가치   우리 제품은 이런 점이 좋습니다.

제품 가치   우리 제품은 이런 점이 좋습니다.

그림 A.5 솔루션 소개 예시

네 번째: 시장성 분석

문제점도 공감하고, 우리가 제시한 솔루션이 문제점을 해결할 수 있다는 것도 설득했다. 그다음은 우리 아이템이 시장성을 가지고 있는가에 대한 분석이다. 아무리 문제를 해결하기 좋은 아이템, 혁신적인 아이템이라 해도 시장성이 없다면, 즉 사는 사람이 없다면 아무 소용없다. 시장성 분석은 두 가지로 나뉜다. 시장 기회(규모)와 경쟁현황이다.

시장 기회에는 시장 매력도와 타깃 시장, 시장 진입 전략을 명시한다. 시장의 규모가 충분한지, 성장하는 시장인지를 토대로 시장 매력도를 판단하며, 초기에 선정한 타깃의 명확성과 전략을 토대로 타깃 시장의 적합성을 판단하는 것이다.

이렇게 시장 기회를 분석하는 방법은 다시 2가지가 있다. 시장 규모(Market Size)를 제시하는 방법과 시장의 연평균 성장률(CAGR)을 제시하는 방법이다. 먼저 시장 규모를 제시하는 방법은 진출하려는 사업의 시장을 전체 시장(TAM), 유효 시장(SAM), 서비스 초기 핵심 시장(SOM)으로 구분한다.

출처: 통계청, 시장규모 리서치 기관 …

그림 A.6 시장성 분석 예시

TAM(Total Available Market): 진출하고자 하는 전체 산업군의 크기

SAM(Service Available Market): 제품 및 서비스의 판매 가능성이 있는 시장

SOM(Service Obtainable Market): 제품 및 서비스의 판매 가능성이 있는 시장 중 초기 진입 가능 시장

그림 A.7 TAM, SAM, SOM이란?

이때 각 시장의 규모는 비슷한 기업이나 산업을 기반으로 하는 것이 좋다. 다만 이러한 지표는 구하기 어려운 경우가 많기 때문에 뉴스나 논문, 전문 리서치 기관의 보고서 등에서 제시한 지표를 활용해도 괜찮다.

두 번째 방법은 연평균 성장률로, 특정 기간의 지표를 토대로 향후 성장세를 제시하는 것이다. 연평균 성장률(Compound Annual Growth Rate, CAGR)을 구하는 공식은 다음과 같다.

CAGR = (Cn/C0) ^ (1/n) - 1

Cn: 마지막 연도의 값
C0: 최초 연도의 값
n: 비교 기간(연차)

협업 프로그램 시장 규모 예시

2016	2017	2018	2019	2020
20억	30억	40억	50억	60억

계산: (60억/20억) ^ (1/5) - 1
= 24.5%

그림 A.8 연평균 성장률(Compound Annual Growth Rate; CAGR) 계산 공식 및 예시

시장 기회(규모)는 시장이 얼마만큼의 경제적 가치를 지녔는지를 보여주는 것이다. 명확하게 누가 조사해서 제공하는 수치가 있다면, 또한 그 자료가 공신력이 있다면 더없이 좋겠지만 대부분의 경우 그렇지 못하다.

이럴 때는 게스티메이션(Guestimation)이라는 방법을 통해 유추할 수 있어야 한다. 방법은 여러 가지가 있으나 크게는 '잠재적 수요자 수 × 대체재의 가격'과 같은 방법으로 추산할 수 있다.

탈모를 해결하고자 하는 아이템을 만들었다고 가정해보자. 잠재적 탈모인의 수가 100명이고, 평균적인 탈모샴푸의 가격이 20,000원이라고 했을 때 시장 규모는 100 × 20,000 = 2,000,000이 되는 것이다. 물론 실제로는 조금 더 복잡하고, 조금 더 명확하고 정확한 수치들을 제시해야 설득력이 있다.

경쟁현황은 현재 우리가 해결하고자 하는 문제점을 먼저 해결하고 있는 회사나 비슷한 아이템을 보유하고 있는 회사를 보여준다. 우리의 경쟁사들을 보여

주는 것이다. 다만 그저 보여주기만 하면 안 된다. 경쟁사들을 철저하게 분석해서 정보를 제공해야 하며, 이를 토대로 우리가 경쟁사보다 어떤 장점이 있고 경쟁우위가 있는지를 함께 제시해야 한다.

	경쟁사 1	우리 회사	경쟁사 2
기능 1	×	○	×
기능 2	×	○	○
기능 3	×	○	×
기능 4	○	○	○

그림 A.9 경쟁사 분석 예시

다섯 번째: 비즈니스 모델

비즈니스 모델은 우리의 비즈니스를 둘러싼 여러 관계자와의 이해관계를 정리한 것이다. 여기에는 수익이 있을 수도 있고, 제품의 흐름이 있을 수도 있다. 중요한 부분은 핵심적인 모델로 표현해야 하며, 어떤 원리로 돈을 벌 수 있는 것인지를 한눈에 파악할 수 있어야 한다.

한 가지 유의할 점으로 간혹 비즈니스 모델에 B2C[7], B2B[8], B2G[9] 등 다양한 모델을 제시하는 경우가 있는데 이 가운데 하나의 모델만 선정하는 것이 좋다. 또한 본인의 기업이나 제품을 가운데 두고 작성해야 한다. 명심할 부분은 비즈니스 모델은 복잡하거나 어려우면 안 된다는 것이다. 핵심적인 내용만 제시해야 한다. 복잡하면 보는 사람의 마음도 복잡해진다.

---

7 Business to Consumer: 기업과 소비자 간에 이뤄지는 거래를 말한다.
8 Business to Business: 기업과 기업 간에 이뤄지는 거래를 말한다.
9 Business to Government: 기업과 정부 간에 이뤄지는 거래를 말한다.

우리 회사

개인 고객

그림 A.10 비즈니스 모델 예시

여섯 번째: 마케팅 및 홍보전략

제품 및 서비스를 어떤 방법으로 마케팅하고 홍보할 수 있을지에 대한 계획을 제시한다. 현재 제품이나 서비스가 구체적으로 정해지지 않았거나 마케팅 및 홍보 계획이 수립되지 않았을 경우 뒤에 나올 향후 전략과 연계해서 작성해도 무방하다.

그림 A.11 마케팅 및 홍보전략 예시

일곱 번째: 실제 성과

성과는 지금까지 우리가 회사와 아이템을 만들기 위해서 노력한 부분이나 이 과정에서 얻은 성취를 보여주는 페이지다. '아이디어만 가지고 이제 막 사업 계획서를 작성하고 있는데 무슨 성과가 있겠어요?'라고 할지도 모른다. 그렇다면 당장 인터뷰로 진행해서 결과를 만들어 제시하면 된다.

가령 우리가 만들 제품 또는 서비스의 잠재 사용자 또는 수혜자를 찾아가 이 아이템이 나오면 어떠할지 의향을 물어보자. 또는 MVP 제품이라도 만들어서 사람들에게 보여주고 그 반응을 분석해서 제시하면 된다. 결국 중요한 부분은 실제로 아이템이 먹힌다는 것을 보여줌으로써 설득의 가능성을 조금이라도 높이는 데 있다.

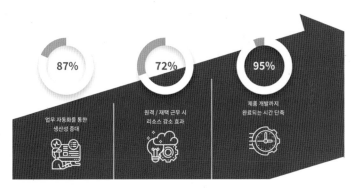

그림 A.12 실제 성과 예시

여덟 번째: 향후 전략

향후 사업 전략에 대해 구체적이고 효과적인 계획을 제시하는 부분이다. 투자를 받거나 아이템을 만들고 나면 어떤 방식으로 마케팅을 할지, 영업을 할지, 파트너십을 맺을지, 어떻게 더 발전시키게 될지를 수행 기간과 함께 기재한다.

이를 토대로 서비스를 단순하게 만들고만 끝내는 것이 아니라 매출을 어떻게 가져오고 시장에 어필할 수 있을지 제시함으로써 설득력을 높인다. 향후 전략은 큰 목표나 KPI를 제시하고, 이에 대한 세부 작업 내용과 수행기간 등을 담은 사업 추진 계획 형식이 포함하게 된다.

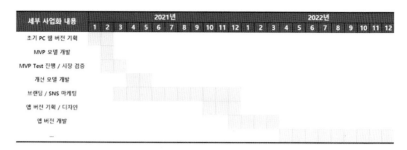

그림 A.13 향후 전략 추진 계획 예시(간트차트)

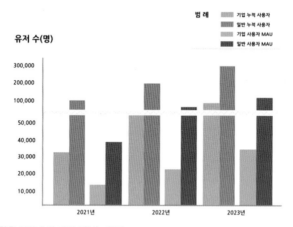

그림 A.14 향후 전략 추진 계획 예시(그래프)

아홉 번째: 재무지표

IR 자료에는 재무지표를 포함하는 경우가 많지는 않다. 하지만 사업계획서에는 반드시 작성해야 한다. 현 상황을 기준으로 향후 3 ~ 5년에 대한 예상 수치를 제시하면 된다. 목표, 원가, 이익, 이익률 등을 제시한다. 구체적이면 좋으나, 초기에는 예상하기 어렵기 때문에 최대한 현실적으로 목표치를 기재하면 된다.

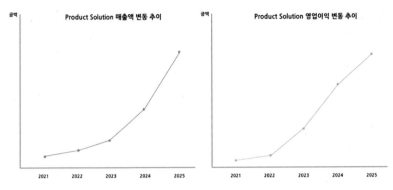

그림 A.15 재무 지표 예시(그래프)

열 번째: 가치

우리 회사나 서비스가 어떤 가치를 가져올 수 있을지를 기재한다. 일반적으로 가치라고 하면 경제적 가치만을 생각하는데 최근에는 경제적 가치와 사회적 가치로 나눠서 표현하기도 한다. 최근 사회적 가치, 소셜 임팩트에 대한 관심이 증가했으며, 착한 소비에 대한 인지도와 니즈가 커졌기 때문이다.

경제적 가치로는 회사가 얻어낼 수익이나 회사가 사회 전반적으로 가져올 경제적 효용을 기재한다. 사회적 가치는 우리 서비스가 사회에 어떤 선한 영향력을 행사할지를 기재한다. 우리 서비스를 통해 어린이 교통사고 발생 비율을 20% 낮춘다든지, 취업률을 30% 증대시킨다든지 등의 방식으로 표현한다.

가치는 정량적 지표와 정성적 지표를 제시하되, 정량적 지표를 제시할 때는 현실적인 근거로 진짜 달성 가능한 수준을 제시하는 것이 좋다. 반대로 정성적 지표에서는 현실성보다는 달성하고 싶은 목표를 제시해도 좋다.

일과 삶의 균형으로 삶의 질 향상

80% ↑

- 업무 혁신성 증대
- 자동화를 통한 생산성 증대
- IT 서비스 제작을 위한 기본 프레임 제공

서비스 이용자

1,000명 만족도

조사 결과

그림 A.16 사회적 가치 예시

열한 번째: 팀 역량

회사나 서비스를 만들어갈 수 있는 현실성 있는 팀을 보여주는 페이지다. 앱 서비스를 만든다면서 개발자가 한 명도 없으면 서비스를 만들 수 있다는 설득력이 없다. 금융과 관련된 상품을 만든다면서 금융 관련 전문가가 한 명도 없으면 누가 투자하겠는가? 앞서 제시한 문제를 해결할 수 있고, 아이템을 만들어낼 수 있는 팀이라는 걸 보여줘야 한다.

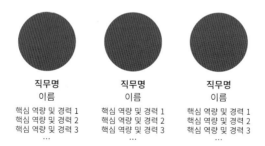

직무명
이름
핵심 역량 및 경력 1
핵심 역량 및 경력 2
핵심 역량 및 경력 3
...

직무명
이름
핵심 역량 및 경력 1
핵심 역량 및 경력 2
핵심 역량 및 경력 3
...

직무명
이름
핵심 역량 및 경력 1
핵심 역량 및 경력 2
핵심 역량 및 경력 3
...

그림 A.17 팀 소개 예시

정리

IR과 사업계획서는 투자자나 외부인에게 내 제품, 내 사업을 소개하기 위한 문서다. 또한 내부 인원에게 방향성을 제시하고 함께 나아갈 방향을 그리기 위해서 사용할 수도 있다. IR이나 사업계획서를 토대로 우리의 제품, 비즈니스가 어떤 목적과 계획을 가지고 있는지 공유함으로써 내부 구성원의 결속력을 다지고 앞으로 나아갈 수 있는 밑거름이 될 수 있다.

한편 IR 및 사업계획서를 작성하는 과정에서 우리 사업에 대해 깊게 고민해보고, 뜯어볼 수 있는 기회가 되기도 한다. 그렇기 때문에 IR 및 사업계획서를 단순히 당장 투자받거나 소개할 일이 없다고 해서 작성을 뒤로 미루지 않는 것이 좋다. 기회라는 것은 언제 갑자기 들이닥칠지 모른다고 하지 않나. 특히 투자에 대한 이슈는 언제나 누군가에게나 바로 설명할 수 있도록 준비돼 있는 것이 좋다.

서비스 기획자 역량 만들기

신입으로 기획자를 뽑는 경우는 생각보다 없다. 나는 원티드라는 채용 플랫폼을 통해 지원하곤 했는데, 포트폴리오를 첨부해야 하는 경우가 많았다. 그래서 처음에는 너무 막막했다. 기획자로서의 경력은 없었기 때문에 내 경력을 녹여낸 포트폴리오는 의미가 없었을 거라 생각했다. 더욱이 신입인데 포트폴리오가 없는 것은 어떻게 보면 당연하다. 그러던 와중에 다른 직무의(특히 디자이너) 포트폴리오를 보고 아이디어가 생겼다. 디자이너의 포트폴리오 중 특히 기존 서비스를 개선 및 제안하는 포트폴리오를 보고, 기획자 포트폴리오도 그렇게 만들어볼 수 있을 거라 생각했다.

포트폴리오를 만들어보자

기획자가 기존 서비스를 개선하고 제안할 수 있는 방법은 무엇일까? 크게는 3가지 관점에서 서비스 기획자로서의 역량을 보여줄 수 있다. 비즈니스적 관점, 사용자 경험 관점, 실무 관점이다.

먼저 비즈니스적 관점에서 접근하는 것은 시장조사와 같은 리서치, 데이터 분석, 비즈니스 모델 분석 등을 분석하는 것이다. 한마디로 서비스 도메인에 대한 이해. 회사가 어떤 사업을 하고 있고, 어디에 고객들이 있는지, 고객들은 어디에 돈을 지불하려 하는지를 파악해야 한다. 이를 토대로 서비스에 어떠한 부분이 보완되거나 추가될 수 있을지를 제안할 수 있다.

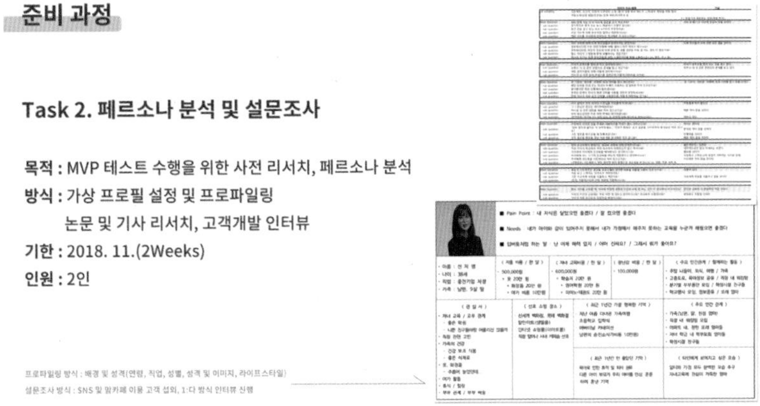

준비 과정

Task 2. 페르소나 분석 및 설문조사

목적 : MVP 테스트 수행을 위한 사전 리서치, 페르소나 분석
방식 : 가상 프로필 설정 및 프로파일링
　　　　논문 및 기사 리서치, 고객개발 인터뷰
기한 : 2018. 11.(2Weeks)
인원 : 2인

프로파일링 방식 : 배경 및 설정(연령, 직업, 성별, 성격 및 이미지, 라이프스타일)
설문조사 방식 : SNS 및 앎카페 이용 고객 섭외, 1:1 방식 인터뷰 진행

그림 A.18 포트폴리오 예시 1

두 번째로 사용자 경험 관점에서 접근하는 것은 해당 서비스에서 어떠한 사용자 경험을 염두에 두고 화면을 구성하거나 기능을 구현했는지 분석하는 것이다. 또한 사용자가 어떠한 이용 패턴을 보이거나 이동 동선을 가지고 있을지 분석하는 것이다.

이를 분석하려면 철저히 이용자 관점에서 서비스를 이용해 보기도 하고, 기능들을 하나하나 다 뜯어서 써보고, 정책 내용을 유추해야 한다. 또한 왜 이러한 화면으로 구성됐는지, 어떤 프로세스를 가지고 있을지를 그려봐야 한다.

진행 과정

Task 1. 기능 정의

목적 : 서비스 주요 기능을 구현하기 위한 기초 작업
방식 : Excel, Confluence Wik
중점 : 기획 의도를 명확하게 기재하고,
　　　　동작 방식을 세부적으로 정의함으로써
　　　　개발자가 이해하고 구현할 수 있도록 함
인원 : 1인(단독수행)

그림 A.19 포트폴리오 예시 2

세 번째로 실무 관점은 해당 서비스에 대한 가상의 서비스 기획안을 작성해보는 것이다. 이 부분은 사실 앞에서 한 번 본 적이 있다. 앞에 설명한 역기획을 진행해보는 것이다.

여기서는 3가지 관점으로 구분했지만 이왕이면 3가지 관점을 모두 포트폴리오에 담는 것이 좋다. 3가지 관점은 모두 서비스 기획자에게 필요한 역량이기 때문이다. 다만 개인적으로 세 번째의 역기획은 꼭 포함하기를 권장한다. 가장 시각적으로 보여줄 수 있는 부분이 많을뿐더러 실무 역량을 파악함으로써 회사에 얼마나 빨리, 얼마나 훌륭하게 적응하고 기여할 수 있을지를 가늠할 수 있기 때문이다.

역기획 포트폴리오에서는 크게 2가지를 담는 것이 좋다. Flowchart 또는 IA와 화면설계서다. 가장 먼저 전체적인 서비스 구조를 파악하고 있다는 것을 보여주기 위해 Flowchart나 IA를 보여주자. 그리고 이어서 와이어프레임, 기능 정의, 프로세스 등 모든 내용을 담은 최종 결과물, 화면설계서를 제시함으로써 현업에서의 업무 수행 역량을 보여주면 된다.

간단해 보여도 막상 작성하기 시작하면 시간도 많이 들고, 어려워 보이고, 만들어야 할 산출물의 분량이 많다고 생각할지도 모른다. 실제로 하나의 서비스를 모두 분석하려면 양이 어마어마하다. 다만 모두 작성할 필요가 있는 것은 아니며, 그중에서 핵심이라고 생각하는 기능들만 간추려서 10 ~ 15장 정도의 분량으로 만들면 된다.

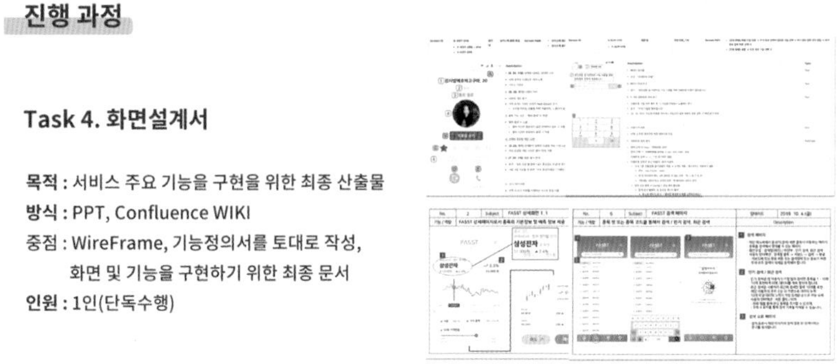

진행 과정

Task 4. 화면설계서

목적 : 서비스 주요 기능을 구현을 위한 최종 산출물
방식 : PPT, Confluence WIKI
중점 : WireFrame, 기능정의서를 토대로 작성,
       화면 및 기능을 구현하기 위한 최종 문서
인원 : 1인(단독수행)

그림 A.20 포트폴리오 예시 3

서비스 기획 관련 역량 쌓기

기획자는 혼자서 무언가를 뚝딱 만들어내는 직무가 아니다. 특히, 디자이너와 개발자와의 협업을 통해 하나의 서비스가 탄생한다. 나는 다행히도 서비스 기획자로 일한 경험이 없는 상태에서 이런 이야기를 접하게 됐고, 서비스 기획자에 대해 조금은 이해할 수 있었다.

서비스 기획 역량이 아니라 서비스 기획과 관련된 공부를 하는 것은 큰 도움이 된다. 개발 지식을 쌓기 위해 프로그래밍 언어를 공부하거나 포토숍과 일러스트레이터, 스케치, Adobe XD 같은 디자인 툴도 공부해보자.

물론 프로그래밍과 디자인을 개발자나 디자이너만큼 해야 한다는 의미가 아니다. 당연히 디자이너나 개발자에 비하면 능력도 한참 부족하고, 인사이트도 부족하지만 적어도 각자가 사용하는 용어를 이해하게 되거나 그들이 어려움을 겪는 부분을 이해하고 공감할 수 있게 된다. 이러한 경험은 면접 때 협업 역량에 대해 어필할 수 있다는 장점이 있다.

현업에서 자주 쓰이는 용어

서비스 기획자는 개발, 디자인, 마케팅, 비즈니스 등 모든 분야에 걸쳐 직무를 수행하다 보니 기획과 관련된 용어만으로는 업무를 수행하기가 벅찰 수 있다. 처음 서비스 기획자로 커리어를 시작했다면 생소한 IT 용어뿐 아니라 비즈니스 용어, 마케팅 용어, 디자인 용어 때문에 힘들 수 있다. 더군다나 이러한 용어는 회사마다 다르게 사용하는 경우도 있다.

이번에 소개할 용어는 그동안 업무를 수행하면서 모르는 용어가 생길 때마다 별도로 정리해둔 것들이다. 독자 여러분도 혹시 업무를 수행하다 모르는 내용이 들리거나 공부할 필요성이 있다면 이런 식으로 용어를 따로 정리해두면 좋다.

비즈니스 / 마케팅

- **AB 테스트**: 버전 A와 버전 B를 각기 다른 두 집단에 나눠서 노출하는 방식을 말한다. 가령 두 개의 랜딩페이지를 구축해서 절반의 사용자는 A 랜딩페이지로 보내고, 나머지 절반의 사용자는 B 랜딩페이지로 보낸 후 두 집단 사이의 회원가입율, 전환율, 클릭 수 같은 지표를 비교 분석한다. 이후 더 좋은 지표를 보여준 버전이 사용자에게 효과적인 것으로 판단하고 이를 전체 사용자에게 적용하는 방식이다.

- **페르소나/퍼소나**: '가면'을 뜻하는 라틴어에서 파생되어 점차 가상의 인격을 설정하는 용어로 사용되고 있다. 유저 저니맵을 그리는 과정에서 프로덕트 매니저나 디자이너가 설정하기도 하고, 타깃 광고를 위해 마케터가 설정하는 경우도 있다. 어떤 경우든 우리

제품을 사용할 사용자를 정리하기 위해 사용한다. 페르소나에는 이름, 나이, 성격, 직업, 배경 등 다양한 요소를 설정해서 구체적으로 정의한다.

- **MVP(Minimum Viable Product)**: 최소 기능 제품이라는 뜻으로, 최소한의 기능을 구현해서 빠르게 시장에서 검증하기 위해 개발하는 제품을 의미한다. 린 스타트업의 개념에서 주로 사용된다. 린 스타트업에서는 MVP를 시장에 빠르게 출시해서 고객의 반응 및 피드백을 토대로 제품의 개선사항을 도출하는 데 집중한다. 이를 통해 제품 개발의 불확실성을 극복하고 성공 확률이 높은 제품을 만들어낸다.

- **검색엔진 최적화(Search Engine Optimization)**: 보통 SEO라는 표현으로 많이 사용된다. 사이트가 검색엔진의 검색 결과에서 상단에 노출될 수 있게 만드는 일이다.

- **이탈률(Bounce Rate)**: 우리 웹사이트 또는 앱을 방문하거나 설치해서 실행한 적 있는 사용자가 별도의 액션이나 추가적인 동작을 해보지 않고 떠나는 비율을 말한다. 만약 이탈률이 높은 상황이라면 유저를 힘들게 데려왔지만 유저가 마주할 우리 서비스의 첫 모습이 매력적이지 못해서 고객이 바로 떠나는 상황임을 의미한다.

- **해지율(Churn Rate)**: 일정 기간 동안 서비스를 해지한 사용자의 비율을 의미한다. 최근 구독 서비스가 기업의 주요 비즈니스 모델로 자리 잡으면서 해지율이라는 개념이 기업의 성장이나 감소를 나타내는 중요한 지표로 자리매김하고 있다.

- **CTA(Call-to-Action)**: 사용자로 하여금 특정 행동을 하도록 유도하는 버튼이나 링크를 말한다.

- **CPC(Cost-Per-Click)**: 광고를 보는 사람들이 광고를 클릭할 때마다 광고료가 부과되는 온라인 광고 방식이다.

- **CPM(Cost-Per-Mille)**: 광고가 1,000명의 사람들에게 노출될 때마다 광고료가 부과되는 온라인 광고 방식이다.

- **CTR(Click-through Rate)**: 광고를 클릭한 사람의 수를 광고가 게재된 횟수로 나눈 것을 말한다. CTR이 높을수록 사용자에게 유용하다는 것을 의미한다.

- **전환(Conversion)**: 기업이 목표로 삼는 행위를 사용자가 수행하는 경우를 의미한다. 가령 유저가 서비스에 회원가입하는 것을 목표로 삼는 경우 전환은 회원가입이 된다. 또는 서비스나 제품을 구매하는 것을 목표로 삼는 경우에는 구매하는 행위가 전환이 된다. 기업의 목표 및 전략에 따라 전환이 달라진다.

- KPI(Key Performance Indicator): 핵심성과지표라는 말로서 기업이 목표를 달성하고, 성과를 측정하기 위해 사용하는 지표를 의미한다. 기업의 목표나 시장 환경에 따라 KPI 수치는 달라지거나 변경될 수 있다.

- **고객 생애 가치**(Lifetime Value; LTV): 고객이 우리 서비스와의 관계를 지속하는 동안 지불할 금액의 총액을 의미한다. 기업은 CAC(고객 획득비용)과 비교해서 LTV가 큰 사람을 더 많이 유치하면 할수록 성장한다고 볼 수 있다.

- **순수 추천고객 지수**(Net Promoter Score; NPS): 고객 만족도를 측정하기 위한 지표다. 일반적으로 고객에게 간단한 설문조사를 통해 수집하게 된다. 서비스에 대한 점수를 0점(매우 싫음)~10점(매우 좋음)으로 평가해달라고 요청한 후 계산한다.

- **가치제안**(Value Proposition): 우리의 제품이 사용자에게 어떻게 유용한지를 핵심적인 내용으로 간단하게 제시한 것이다.

- **스크럼**(Scrum): 애자일 방법론의 하나로, 개발 조직이 30일 주기로 신기능을 출시하는 방식을 말한다(꼭 30일로 정해야 하는 것은 아니다). 일반적으로 '스프린트'라고 하는 좀 더 작은 단위의 개발 주기를 적용하기도 한다.

- **스프린트**(Sprint): 1주 ~ 4주를 1주기로 설정해서 해당 기간 동안 빠르게 목표에 부합하는 기능을 개발하는 하는 것을 말한다.

개발

- **백엔드**(Backend): 서비스에서 사용자에게 노출되지 않는 부분으로, 사용자와 직접 상호작용하지는 않는 영역이다. 주로 클라이언트 사이드에서 발생하는 동작을 처리하거나 데이터를 저장하고 관리하는 등의 서버 및 데이터베이스 관리와 같은 개발 업무를 말한다.

- **데이터베이스**(Database): 데이터나 정보를 모아서 저장하는 관리소를 말한다. DBMS, RDBMS, 관계형 데이터베이스, 오라클, MySQL, SQL 등의 표현이 들린다면 데이터베이스와 관련된 것이라고 생각하면 된다.

- **서버**(Server): 일반적으로 우리가 생각하는 핸드폰이나 컴퓨터와 달리 이러한 클라이언트에게 웹 사이트 및 앱을 실행할 수 있도록 정보를 제공하는 컴퓨터를 말한다. 별도의 입출력 장치가 없으며, 사양이 뛰어나고, 24시간 켜놓는 것이 큰 특징이다.

- API(Application Programming Interface): 프로그램들이 상호작용하는 매개체로, 정보가 오가는 출입구라고 생각해볼 수 있다. 기기와 앱이 서로 데이터를 주고받는 과정에서도 API라는 것이 필요하고, 앱과 서버, 데이터베이스가 서로 데이터를 주고받는 과정에서도 API가 필요하다. 예를 들어, 카카오톡의 API를 활용하면 우리 앱에서 카카오톡으로 로그인하기 기능을 사용할 수 있는 것이다.

- 프런트엔드(Frontend): 서비스에서 사용자에게 노출되는 부분으로, 사용자와 직접 상호작용함으로써 사용자로부터 획득한 정보를 백엔드로 전송하고, 백엔드로부터 회신한 내용을 사용자에게 노출한다. 버튼, 페이지, 폰트, 컬러 등과 같은 개발 업무를 수행하는 것을 말한다.

- 캐시(Cache): 정보를 더 빠르게 이용할 수 있도록 미리 컴퓨터의 특정 장소에 복사, 저장하는 것을 말한다. 이렇게 미리 정보를 저장해 두면 나중에 다시 정보를 입력하거나 계산할 필요가 없다.

- 쿠키(Cookie): 웹 사이트에서 사용자의 정보를 기억하기 위해 저장하는 작은 기록 정보 파일을 말한다. 이 파일에 담긴 정보는 텍스트 형태로만 저장되며, 사용자가 같은 웹 사이트에 접속할 때마다 다시 읽히고, 새로운 정보로 업데이트된다. 쿠키는 단순히 이용자의 편의를 도모할 수 있는 것뿐만 아니라 타깃 광고나 사용자의 취향에 맞춘 맞춤 광고 등에 활용되기도 한다.

- 라이브러리(Library): 코드의 재사용이 가능하고 다른 프로그램에서도 코드를 사용할 수 있도록 구성된 코드의 묶음 또는 집합을 말한다. '패키지' 또는 '모듈'이라고도 불린다.

- I/O: Input/Output의 줄임말로 파일을 읽고 쓰는 과정을 말한다.

- SDK(Software Development Kit): API나 프로그램 개발을 위한 각종 도구, 샘플 코드, 관련 문서를 모아놓은 툴킷.

- 크로스 브라우징(Cross Browsing): 동일한 화면을 여러 다양한 브라우저 환경에서 정상적으로 호환되어 표시되는지 테스트하는 것을 말한다.

- HTML/HTML5: 웹 사이트를 만들기 위한 기본적인 마크업 언어를 말한다.

- CSS(Cascading Style Sheet): 웹 사이트가 어떻게 보여야 하는지, 표시되는 방법을 기술하는 스타일시트를 말한다. 사용자에게 노출되는 텍스트, 텍스트 크기, 컬러, 레이아웃 등 전반적인 UI를 지정할 수 있다.

- **스키마**(Schema): 데이터베이스 테이블에 담긴 정보 형식을 말한다. 각 테이블에 담긴 항목이 숫자인지(Number), 문자인지(Char) 등과 같은 정보를 의미한다.

- **세션**(Session): 사용자가 웹 브라우저를 통해 서비스에 접속한 시점부터 웹 브라우저를 종료해서 연결이 끝나는 시점을 말한다. 즉, 사용자가 서비스에 접속돼 있다는 것을 의미한다.

- **쿼리**(Query): 데이터베이스에게 데이터를 보여달라고 요청하는 것을 말한다. '쿼리를 작성한다', '쿼리문 작성'과 같은 말은 데이터베이스에서 원하는 정보를 가져올 수 있도록 코드를 작성한다는 의미이며, '쿼리를 날려본다'는 말은 작성된 코드를 데이터베이스에 입력함으로써 실제로 데이터를 가져오는 작업을 수행하는 것을 말한다.

디자인

- **UI**(User Interface): 사용자 인터페이스라는 말로, 앱과 웹사이트를 시각적으로 아름답고, 보기 좋게 만드는 디자인을 말한다. 주로 색상, 폰트, 레이아웃 등을 작업한다.

- **UX**(User Experience): 사용자 경험이라는 말로 앱과 웹사이트에서 사용자가 어떤 행동 패턴을 보일지, 사용자가 서비스를 더 쉽고 효과적으로 사용할 수 있도록 만드는 디자인을 말한다.

- **와이어프레임**(Wireframe): 서비스 흐름이나 기능에 대한 대략적인 정보를 전달하기 위해 화면을 간단한 그림, 선, 도형, 아이콘, 텍스트 등을 통해 간단하게 그린 모습을 말한다.

- **목업**(Mockup): 화면을 실제 디자인으로 구현한 것을 말한다. 실제 이미지나 실제 콘텐츠를 포함한 화면으로, 폰트, 색상, 그림, 간격 등을 정확하게 표현해서 실제 개발에 착수할 수 있을 정도로 구성된 모습을 말한다.

- **프로토타입**(Prototype): 주요 기능만을 구현한 초기 버전 또는 모델을 말한다. 주로 사용자 테스트를 진행하거나 시장 검증을 위한 목적으로 빠르게 제작한다. Adobe XD나 피그마, 스케치 같은 프로토타이핑 툴을 통해 실제 클릭이 가능한 서비스의 형태로 만들 수 있다. 또한 포스트잇이나 종이, 메모지 같은 것들로 대략적인 형태만 구현한 프로토타입도 가능하다.

- **네이티브 앱**: 안드로이드나 iOS 등 모바일에 최적화된 언어로 개발하는 앱을 말한다. 일반적으로 안드로이드는 자바(Java) 또는 코틀린(Kotlin)으로 구현한 앱을 말하고, iOS는 스위프트(Swift)로 구현한 것을 말한다.

- **하이브리드 앱**: 네이티브 앱의 형식과 웹 앱의 형식을 결합한 방식으로 제작한 앱을 말한다.

- **반응형 웹**: 각각의 기기, 해상도 또는 특정한 기준에 맞춰 콘텐츠의 크기를 최적화하거나 위치를 변경하도록 만들어진 웹을 말한다. 사용자의 사용 환경에 맞춰 웹 브라우저의 크기가 자유롭게 반응한다는 특징이 있다.

- **적응형 웹**: 특정한 해상도를 기준으로 미리 화면을 여러 형태로 나누어 만들어 놓고, 사용자 브라우저의 해상도에 따라 적절한 화면을 보여주는 웹을 말한다. 반응형 웹에 비해 필요한 화면만 다운로드하면 되기 때문에 로딩 속도가 빠르고 어색함이 적다.

서비스 기획자에게 추천하는 도서

서비스 기획자 또는 IT 산업이나 스타트업에 관심이 있다면 글쓰기 외에도 알아둬야 할 것이 많다. 특히 IT 산업이나 스타트업은 일반적인 조직과는 문화나 업무 방식이 다른 경우가 많다. 그래서 글쓰기를 잘해야 하는 것 만큼 제품 및 서비스를 바라보는 시각이나 업무 수행 방식, 조직 문화에 대해 잘 알고, 잘 적응할 수 있어야 한다.

1. 《인스파이어드: 감동을 전하는 IT 제품은 어떻게 만들어지는가?》[제이펍, 2018]

가장 처음으로 소개하고 싶은 책은 《인스파이어드》다. 부제만 읽고는 IT 제품에 대한 내용이기 때문에 IT 업계가 아니면 읽어도 의미 없겠다고 생각할 수도 있지만 전혀 아니다. IT 외 사업을 진행하건, IT 관련된 사업을 진행하건, 혹은 마케터든, 기획자든, 개발자든 제품을 만들고, 서비스를 제공하고 있다면 한 번쯤은 꼭 읽어보길 바란다. 책은 크게 아이디어를 검증하는 제품 발견 단계에 집중하고, 전 세계 성공한 기업들의 업무 수행 방식 활용을 소개하며, 각 기업들이 성장 단계별로 직면하는 여러 가지 도전과제를 제시하고 이를 극복하고 해결할 수 있는 현실적인 방법을 제시한다. 또한 각 단계별로 제품 관리자가 해야 하는 역할, 요구되는 역량을 알려주고, 이를 습득할 수 있는 방안들을 제시하거나 적절한 성장 방식을 제시함으로써 개인의 역량 개발에도 큰 도움이 되기 때문에 반드시 한 번은 읽어보기를 권유한다.

2. 《프로덕트 오너: PO가 말하는 애자일 혁신 전략》^(세종서적, 2020)

책 제목만 보면 서비스 기획자가 아니라 PM이나 PO를 위한 책이라고 생각할 수 있다. 하지만 개발자, 디자이너와 함께 제품을 만들어간다는 점에서 PM, PO와 서비스 기획자는 크게 다르지 않다. 고객의 소리를 듣는 방법, 우선순위를 설정하는 방법, 데이터를 올바르게 보고 인사이트를 도출하는 방법 등 스타트업에서 서비스 기획자에게 도움이 될 수 있는 내용을 알려준다. 이뿐만 아니라 애자일 조직에서 업무 수행 프로세스와 조직의 문화에 대한 내용도 파악할 수 있다. 이 책을 통해 IT 기업이나 서비스 기획자가 어떻게 업무를 수행하고 제품을 만들어낼 수 있을지 파악할 수 있다.

3. 《에어비앤비 스토리: 어떻게 가난한 세 청년은 세계 최고의 기업들을 무너뜨렸나?》^(다산북스, 2017)

포춘의 부편집장인 레이 갤러거가 수년에 걸쳐 에어비앤비의 창업자인 브라이언 체스키, 조 게비아, 네이선 블레차르지크를 직접 인터뷰하고 분석한 책이다. 에어비앤비 창립 초기의 어려움, 성장 과정에서 겪게 되는 여러 가지 도전들과 이를 극복했던 과정, 에어비앤비의 조직문화를 소개한다. 단순히 에어비앤비의 스토리를 읽어가는 것이라고 생각하기에는 에어비앤비의 스토리에 나오는 여러 가지 현실적인 이슈들을 어떻게 하면 극복해낼 수 있는지 생각하면서 읽게 되어 추천한다.

4. 《린 스타트업: 지속적 혁신을 실현하는 창업의 과학》^(인사이트, 2012)

창업가를 위한 실천 가능한 과학적 창업 방법론이라 불리는 이 책은 불확실한 창업 환경에 확실성을 부여하기 위한 방법으로 린 스타트업이라는 개념을 주장한다. 특히 '만들기-측정-학습' 과정의 순환, MVP, 피봇에 대한 부분은 고객이 공감할 수 있는 아이템을 개발하기 위해서는 책상 앞에 앉아서 고민만 하기보다는 직접 현장에 나가 다양한 잠재고객을 만나 그들의 이야기를 들어

보는 것이 중요하다는 것을 말해준다. 고객으로부터 얻을 수 있는 피드백을 토대로 MVP 제품을 만들고, 보완하고, 다시 테스트해보는 과정을 끊임없이 반복함으로써 실질적으로 시장이 원하는 제품을 만들어내는 것, 이러한 실행력을 갖출 수 있어야 성공하는 제품을 만들 수 있다는 교훈을 알려주는 책이라 생각되어 추천한다.

5. 《OKR: 전설적인 벤처투자자가 구글에 전해준 성공 방식》(세종서적, 2019)

OKR은 최근 대기업, 스타트업 등 많은 조직에서 목표 관리 프레임워크로 도입되고 있다. 앤디 그로브가 인텔에서 조직을 관리할 때 활용한 방법에서 출발한 OKR(Objectives and Key Results)은 존 도어가 구글에 소개했는데, 이는 구글의 핵심 문화로 자리 잡고 구글을 세계적인 기업으로 성장하게 만든 방법으로 유명해졌다. 이 책은 구글에 OKR을 소개했던 존 도어가 쓴 책으로, OKR에 대해 가장 명확하게 설명한 책이라고 생각한다. 또한 여러 기업의 OKR 도입 사례를 소개함으로써 OKR이 실제 조직에서 어떻게 적용되고, 활용되는지를 생생하게 확인할 수 있다.

기획 산출물 템플릿

이 책은 기획자의 글쓰기에 초점이 맞춰져 있으나 원활한 이해를 돕고 업무에 대한 설명을 하기 위해 서비스 기획 산출물에 대한 내용이 포함돼 있습니다. 서비스 기획을 처음 접하거나 아직 접해보지 않은 경우 어떻게 문서를 작성해야 할지 명확하게 이해되지 않거나 머릿속으로 그려지지 않을 수 있습니다. 이러한 경우를 위해 서비스 기획 업무의 이해도를 높이고, 기획자로서 원활하게 업무를 진행할 수 있도록 몇 가지 템플릿을 만들어 제공합니다.

템플릿 확인하기

- 템플릿 주소: https://bit.ly/기획자의글쓰기

템플릿 종류

1. [템플릿] Product Spec

2. [템플릿] PRD(Product Requirement Document)

3. [템플릿] 요구사항 정의서

4. [템플릿] 기능 정의서

5. [템플릿] 회의록

6. [템플릿] 용어 정의

참고로 이 책에서 제공하는 템플릿이 업계에서 공통적으로 규정된 형식은 아닙니다. 또한 템플릿에 포함된 각 구성항목 역시 규정된 형식이 아닙니다. 따라서 가져가서 자유롭게 변형해서 사용해도 무방하고, 그대로 사용해도 괜찮습니다. 모쪼록 해당 템플릿이 이 책을 읽는 독자분들에게 유용하길 바랍니다.

템플릿 복사하기

1. 원하는 템플릿을 선택해서 페이지를 방문합니다.

▇ 기획자의 글쓰기_템플릿　🔒 Locked

기획자의 글쓰기_템플릿

📓 [템플릿] Product Spec
✔️ [템플릿] PRD(Product Requirement Document)
⚙️ [템플릿] 요구사항 정의서
▢ [템플릿] 기능 정의서
📝 [템플릿] 회의록
▥ [템플릿] 용어 정의

2. 템플릿 우측 상단의 '복제'를 눌러주세요.

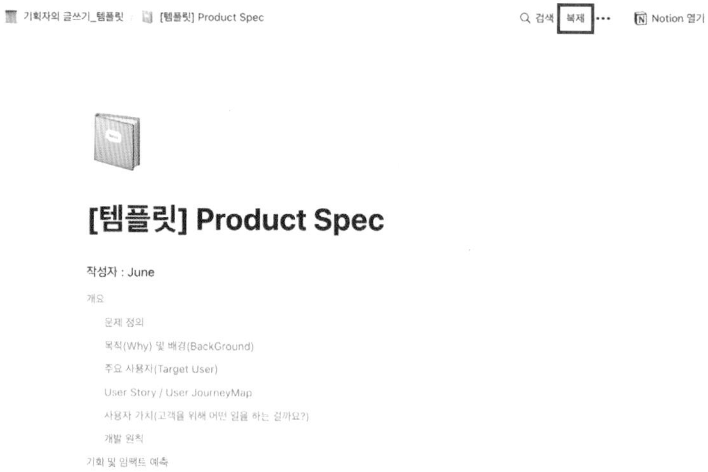

기획자의 글쓰기_템플릿 / [템플릿] Product Spec
검색 복제 ···
Notion 열기
[템플릿] Product Spec
작성자 : June
개요
문제 정의
목적(Why) 및 배경(BackGround)
주요 사용자(Target User)
User Story / User JourneyMap
사용자 가치(고객을 위해 어떤 일을 하는 걸까요?)
개발 원칙
기회 및 임팩트 예측

3. 노션에 로그인돼 있지 않거나 가입하지 않은 경우 로그인 또는 회원가입을 진행합니다.

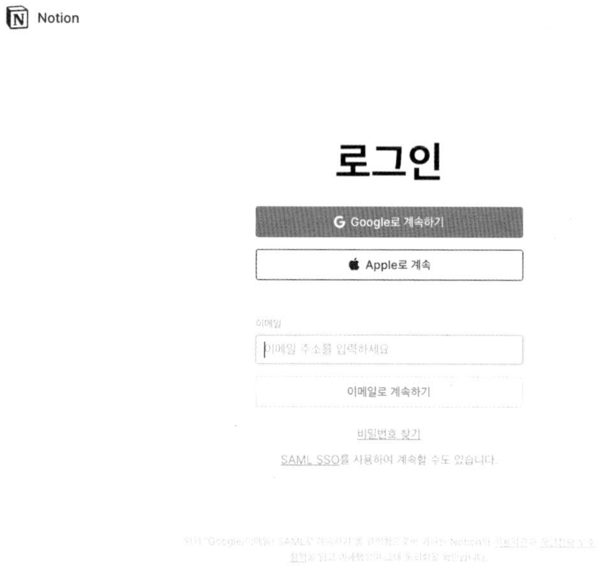

Notion
로그인
Google로 계속하기
Apple로 계속
이메일
이메일 주소를 입력하세요
이메일로 계속하기
비밀번호 찾기
SAML SSO를 사용하여 계속할 수도 있습니다.

4. 성공적으로 로그인하면 템플릿이 개인 페이지로 복제 완료됩니다.

A – Z